SUMÁRIO

CONQUISTE O MUNDO

VOCÊ É DO TAMANHO DOS SEUS SONHOS

EDITORA CHAVE MESTRA®

Título original em Português: Conquiste o Mundo -
Você é do tamanho dos seus sonhos

Direção editorial: Raquel Medeiros
Revisão: Híllona Anjos
Diagramação: Daniel Marchesani
Design de capa: Matheus Francelino da Silva

Dados Internacionais de Catalogação na Publicação (CIP)

Vale, Rogério (Organizador)
V149 Conquiste o Mundo: você é do tamanho dos seus sonhos / Rogério Vale – Barueri, SP: Chave Mestra Editora, 2022.
216 p. : 16 x 23 cm

ISBN 978-65-84979-21-5

1. Desenvolvimento pessoal. 2. Mindset. 3. Negócios. 4. Riqueza. 5. Sucesso nos negócios. 6. Atitude. I. Título.

CDD 158.1

EDITORA
CHAVE MESTRA®

PREFÁCIO

O que é sucesso para você? Algumas pessoas passam a vida inteira correndo atrás de algo que nem elas mesmas sabem o que verdadeiramente estão buscando. Talvez, isso até já tenha acontecido com você em algum momento.

Subir o "Everest" e ao chegar no topo se dar conta que não era aquele o verdadeiro Everest, é frustrante! E isso é muito mais comum do que você imagina. A realidade é que existe um caminho, estratégias e habilidades que todos precisamos aprimorar para subir a montanha correta e de forma alinhada com os nossos princípios e valores.

O título "Conquiste o Mundo" é uma ordem! Mas que mundo é esse?

É fato que o maior e mais desafiador mundo a ser conquistado é o nosso mundo interior. Para isso, é necessário preparo, assim como os alpinistas precisam se preparar para subir as montanhas da vida real. Precisamos estar fortalecidos no preparo pessoal, como seres humanos em busca de crescimento em todas as áreas. Você pode conquistar o seu mundo ideal, começando pelo principal: o seu mundo interior.

Em nenhum momento vou dizer para você que vai ser tarefa fácil, até porque para grandes resultados, são inevitáveis os desafios, mas quero afirmar que vai ser recompensador. Gosto da afirmação estoica do Joel

Jota: “O trabalho devolve”. Isso certamente serve para você saber que, quando você estiver cansado em meio à jornada, você precisará ouvir a voz interior ecoando dentro de você com essa frase: “Continue, persevere, você pode ir além...”. Passando dessa fase, o resultado será o topo, seus objetivos alcançados e o seu Legado escrito.

Começa agora essa grande jornada!

Boa Leitura.

Rogério Vale

CEO Editora Chave Mestra

Andressa Prado

Sou Andressa do Prado Pereira, cristã, filha de Gilberto Antônio Pereira e Maria Abadia do Prado. Além disso, sou mãe, esposa, treinadora de mentalidade e negócios por meio do desenvolvimento da inteligência espiritual. Nasci na cidade de Jataí, no Estado de Goiás.

Bacharel em Direito, já atuei como advogada, mas encontrei a minha paixão e missão como empreendedora, especialista em liderança, gestão e desenvolvimento de pessoas.

Sou escritora, mentora, palestrante e master coach. Acredito que pela decisão e renovação da mente, pela inteligência espiritual, é possível transcender os desafios diários, conquistando prosperidade e uma existência plena e feliz.

andressapradooficial
(64) 98454-0736

PERDOAR É PRECISO

POR ANDRESSA PRADO

Perdoar é preciso. Isso mesmo que você leu. Principalmente se você avalia a sua vida e percebe que ela anda estagnada ou sem sentido. Saiba que o perdão que você não libera te mantém aprisionado nesta vida de sofrimento. Você já deve ter lido ou ouvido falar em algum lugar que a mágoa, o rancor e a falta de perdão são um veneno que bebemos, esperando que o outro morra. Mas, o que acontece é que você está morrendo a cada dia um pouco, enquanto está preso nessa armadilha.

Se eu pudesse responder quem é você, eu responderia: você é luz.

Se você é luz, por que vive na escuridão? A falta de perdão é uma das circunstâncias que faz você ficar perdido em meio à escuridão. Sendo luz, não faz sentido ficar perdido no escuro quando você pode sair das trevas com uma única decisão: a de perdoar e recomeçar. Ao fazer essa escolha, você entenderá e experimentará o que é ser luz em sua totalidade.

Eu vivi praticamente 33 anos nas trevas. Após o nascimento do meu primeiro filho, quando comecei a analisar minha vida, minhas conquistas, aquilo que eu gostaria de ensinar a ele, qual o legado eu deixaria para ele, percebi que muita coisa precisava ser trabalhada. Ao avaliar minha vida, percebi que eu tinha tudo, mas, ao mesmo tempo, não tinha nada.

Me sentia um completo e verdadeiro fracasso. Por mais que eu tivesse saúde, uma família presente que sempre me deu muito amor, eu não me sentia feliz, eu não vivia em paz. Meu desejo era tirar "férias da minha vida". Foi durante uma sessão de terapia que descobri que essa falta de energia e de vontade de viver era um sentimento de dor e de morte.

Não vivia a vida em sua plenitude. Eu sobrevivia. Sofria a cada circunstância que me ocorria. Viver era difícil e sofrido demais para mim. Isso me assustou; porém, me permitiu entender e decidir o que eu precisava fazer para ter energia de vida, amor, paz e de felicidade. Assim, poderia viver a melhor vida possível e transmitir essa vivência para meus filhos.

Uma jornada de autoconhecimento começou. Eu precisei olhar para os meus "monstros", meus medos e minhas feridas internas. Precisei acolher minhas vulnerabilidades e também reconhecer minhas fortalezas. A cada nova descoberta interna, eu ia fazendo as ações necessárias para construir o meu futuro, de uma forma que eu me orgulhasse da história que iria contar e qual legado deixaria para meus descendentes.

Nunca imaginei que eu precisasse me perdoar, muito menos pedir perdão aos meus pais, bem como reconhecer, pedir perdão e também perdoar o meu marido. Nessa jornada de autoconhecimento, identifiquei que eu era a minha pior e mais severa algoz. Eu me punia a cada erro, me criticava a cada tentativa frustrada, me exigia perfeição, e inconscientemente, isso refletia em todos os meus relacionamentos. Eu cobrava das pessoas que conviviam comigo, direta ou indiretamente, a mesma perfeição e as punia em palavras ou ações escondidas de "justiça".

Quando eu reconheci cada parte de mim, quando eu me amei de verdade, consegui me perdoar por todas as críticas e punições que já havia feito comigo ou com os outros. Foi a primeira vez que eu me senti em paz de verdade. Mas eu não parei por aí. Continuei a analisar e observar em quais pontos da minha vida eu ainda precisava liberar o perdão, para que as engrenagens da vida começassem a trabalhar a meu favor.

Foi então que me veio à memória o casamento dos meus pais. Todos nós temos nossos desafios diários, porém, com 14 anos eu não sabia disso. Vendo somente um lado do tapete, sem entender e acolher toda a bagagem da história deles, comecei a julgar os acontecimentos que presenciava naquela época. Assim, diretamente, interferi na história de um casal. Eu falava e repetia para a minha mãe que ela deveria se separar, mas nunca, em momento algum, eu tive a maturidade e a sabedoria de perguntar e escutar como ela estava se sentindo.

Enfim, minha jornada de autoconhecimento se iniciou aos 33 anos e somente com 36 anos eu reconheci o perdão que eu precisava pedir aos meus pais – e assim o fiz. Conversei com os dois em momentos distintos e pedi perdão a cada um por ter julgado a relação deles. Reconheci e agradeci o maior dom e a maior prova de amor que eles me deram: a vida. Finalizei pedindo que eles me abençoassem para que eu pudesse seguir a minha vida.

Mais uma vez, a energia de vida e a liberdade se tornaram mais fortes em mim e eu continuei a analisar e avaliar o que mais precisaria ser transformado em minha vida. Confesso que, nesse momento, chegou a parte mais desafiadora da minha jornada. Vamos lá, então.

Inconscientemente, tudo aquilo que você julga, você atrai para você. É como na famosa expressão "pagar a língua". Você já entendeu que atraí para mim um casamento com problemas semelhantes e tão desafiadores quanto a relação dos meus pais. Porém, agora eu não era uma adolescente de 14 anos. Eu era a mulher, a esposa.

A bíblia diz que a mulher sábia edifica sua casa e a tola a derruba com as próprias mãos (Provérbios 14;1). Antes de saber tudo o que eu sei hoje, eu culpava meu marido por todas as crises e os desafios que a gente já enfrentou e enfrenta no nosso casamento. Eu deixava o ego gritar e agir para se fortalecer. Porém, hoje sou uma mulher que busca, a cada ação, ser mais semelhante à mulher sábia. Assim, reconheci que além de perdoar verdadeiramente meu marido, eu precisava pedir perdão a ele.

Eu achava que eu já o havia perdoado, porque já tínhamos conversado muito tempo atrás e eu havia falado "eu te perdoo". Contudo, esse perdão não havia sido liberado verdadeiramente, e minhas palavras, ações e reações demonstravam minha mágoa, raiva e meu ressentimento, e isso foi contaminando e destruindo o nosso amor. Então, marcamos um jantar a dois. Tirei todas as máscaras, reconheci todas as ações que faziam com que eu sabotasse a relação, assumi minha parcela de culpa e responsabilidade diante do meu casamento e pedi que meu marido me perdoasse.

Mais uma vez, o sentimento de "sufocamento" se dissipou. Mais uma vez, eu me senti em paz e feliz. Mas, assim como ele estava machucado pelas minhas ações diretas ou indiretas de raiva e mágoas, eu também estava com uma ferida infeccionada e doendo durante anos, por causa de algumas atitudes dele. Falei verdadeiramente como me sentia, como as suas ações me magoaram e me feriram e como isso refletiu em minhas ações. Conversamos. Escutei meu marido de forma consciente e empática, sem julgamentos. E escolhi perdoar.

Após perdoar tudo e todos que precisava perdoar, eu decidi e escolhi recomeçar e me dedicar a construir o meu futuro. Agora, me conhecendo, me sentindo amada e feliz, conectada cada dia mais à fonte (João 7:38), fiz a minha transição de carreira, estou vivendo um novo ciclo e construindo o meu legado. Esse capítulo é o primeiro passo desta minha trajetória, e cada um que está lendo minha história e aprendendo com ela também está fazendo parte dessa jornada de transformação e realizações que estão por vir.

Primeiramente, conquiste a si mesmo em cada decisão e em cada perdão que precisar oferecer, se quiser conquistar o mundo: o seu mundo exterior é reflexo do seu mundo interior. Porém, saiba que não há o que perdoar quando eu me lembro de quem realmente sou e também me lembro de quem realmente cada pessoa é.

Lembro que, durante minha jornada de autoconhecimento e transformação, uma das perguntas que me fez virar a chave foi: "como Deus se sentiria em relação a isso?". Somos imagem e semelhança do Criador, então somos luz, amor, paz, prosperidade, positividade, abundância.

Se somos o bom, o belo e a paz, por que então vivermos limitados, sendo 1% de nós a raiva, o ódio, o rancor? Por que afastar de nós a nossa essência divina e ilimitada, que nos faz experimentar o que é bom, perfeito e agradável? (Romanos 12;2).

É difícil perceber que somos luz em meio à luz, perceber que somos uma árvore frutífera sendo uma semente. É difícil perceber que somos parte do todo, vivendo como o ramo separado da videira.

Os desafios em nossas vidas, os momentos de escuridão que experimentamos, às vezes, quando nos sentimos perdidos e desamparados por causa da ilusão do ego, acontecem para que, por meio desses contrastes, possamos observar, perceber e sentir que o sopro divino é a nossa verdadeira essência (João 15:4-5).

Se você anda desanimado e triste com os resultados que tem colhido em sua vida é porque você não está sendo o que é de verdade. Você está vivendo o 1% que o ego te limita a ser.

Quer construir um futuro para você a partir da sua essência divina e ilimitada? Entenda que perdoar é preciso. Amar é preciso. Ser grato é preciso. Ser abundante é preciso.

O estado em que você se encontra agora pode ser alterado, pois ele nasceu a partir da identificação com a sua mente, com o seu ego. Mas como ser minha essência divina? Primeiramente, escolhendo ser. É uma decisão intencional. Então, você deve praticar até que se torne natural, automático, inseparável da fonte, inseparável do todo e inseparável de você.

Como tudo na vida, é um caminho que começa com treino, com prática.

Tudo é decisão e não condição. Esse é o segredo da verdadeira liberdade.

Eu sou imensamente grata por me permitir vivenciar toda essa jornada de autoconhecimento e transformação. Ter mentores durante essa caminhada foi um importante diferencial em cada decisão e ação a se realizar. Perdoar foi a chave mestra que me libertou das algemas do passado e do sofrimento em minha vida. Lógico que em cada fase tenho novos desafios, pois eles me mostram e moldam aquilo que eu preciso evoluir.

Agora, eu lhe pergunto: se você fosse um livro em branco, o que gostaria de redigir nele a partir de hoje? Não sabe onde encontrar a luz que precisa para transcender toda essa escuridão à sua volta?

Entre em contato comigo e tenha acesso gratuito ao "Protocolo Transcender", um guia para os próximos 30 dias a fim de dar início à sua jornada de autoconhecimento e transformação.

> Primeiramente, conquiste a si mesmo em cada decisão e em cada perdão que precisar oferecer, se quiser conquistar o mundo. O seu mundo exterior é o reflexo do seu mundo interior.
>
> ANDRESSA PRADO

Bárbara Marques

Sou Bárbara Dias Gomes Marques, casada, brasileira e vivo em Portugal. Trabalho como mentora de empresas e empreendedores, networker, business e life coach. Criei o Global Legacy para ajudar as pessoas a construírem seus legados. Fundei também a Comunidade Coach Internacional de Sucesso e o Movimento Empreendedores Globais.

Minha missão é crescer e contribuir positivamente na vida das pessoas. Além disso, ajudo empreendedores a desenvolverem e alavancarem seu negócio, com alta performance.

barbara.global
(+351) 92440-2812
barbaramarquescoach@gmail.com
Bárbara Marques
https://linktr.ee/barbaramarquescoach
https://www.oseucoach.com/barbaramarques

ALTOS E BAIXOS DA JORNADA

POR BÁRBARA MARQUES

Toda jornada tem altos e baixos, independentemente da sua área. Muitas pessoas não gostam de passar por esses momentos de oscilação, mas saiba que isso é vital. Podemos citar o exemplo dos batimentos cardíacos, que estão sempre marcando altos e baixos. Quando isso não acontece, significa que não há vida.

Um dos propósitos dos baixos momentos está ligado ao aprendizado, pois nos piores momentos podemos tirar grandes lições e aprender com nossos erros. Já um dos propósitos dos momentos mais altos é a celebração das nossas conquistas.

Podemos ilustrar nossos baixos como vales e nossos altos como picos, entendendo assim que para andar de um pico ao outro temos que passar por alguns vales. Os vales prolongados podem gerar mais medo, tristeza e frustrações, e os picos mais duradouros podem estimular a elevação no ego, o orgulho e a soberba. Portanto, é bom haver equilíbrio em nossa trajetória, de forma que não estejamos por um longo período nem nos vales, nem nos picos – apenas o tempo necessário para extrair o melhor de cada situação.

A melhor forma de aprender a lidar com nossos altos e baixos é desenvolvendo a inteligência emocional. Trata-se da capacidade de reconhecer, avaliar e gerir os seus próprios sentimentos, assim como a habilidade de lidar com o que você e as outras pessoas sentem. A inteligência emocional é, também, um indicativo responsável por boa parte do sucesso e da capacidade de liderança de um indivíduo, demonstrando equilíbrio entre a razão e a emoção.

Ao longo de nossa trajetória, além dos altos e baixos, podemos ter momentos chamados de "esteira rolante" ou "elevadores". Na esteira rolante, você sente que não está estagnado na vida, mas também não se eleva até os picos. No momento elevador, você sente que sobe e desce em rápida velocidade, mas sem eficiência. Você nem mesmo consegue aproveitar cada fase. Sente-se quase "bipolar", sem saber se o nível em que está é bom o suficiente e quanto tempo ele irá durar.

Não há um único ser vivo sequer que se mantenha sempre no alto ou no baixo. Além dos seres humanos, se observarmos os animais e vegetais conseguimos ver que, na natureza, há muitos ciclos, fases, mudanças e estações. Então, é sempre melhor aceitarmos que todos passamos por altos e baixos e não idealizarmos que manter-se nos picos significa perfeição e plenitude.

Mas há sempre formas de manter-se mais tempo nos picos e menos tempo nos vales, ou aprender a encarar de maneira mais positiva os momentos mais baixos, para viver essa fase com mais leveza.

Neste capítulo, quero te ajudar a lidar melhor com os altos e baixos da sua jornada. Saiba que você não pode mudar o passado, mas pode agir de forma eficiente para ter um futuro mais semelhante ao que você deseja.

Não adianta fazer sempre tudo igual e querer colher resultados diferentes. É fundamental identificar os pontos de melhoria e ajustar o que for preciso. Também é essencial identificar os pontos fortes, para explorá-los e potencializá-los ainda mais.

Recomendo sempre ter mentores nas áreas nas quais você tem mais necessidade de crescimento, pois é muito mais fácil trilhar um caminho que alguém já percorreu, e no qual foi bem-sucedido.

Também podemos dizer que os altos momentos da nossa jornada são o nosso auge, e os baixos momentos são o nosso abismo. Os últimos são os momentos nos quais nos sentimos muito para baixo, fracassados, desmotivados e desacreditados. O sentimento de fracasso, geralmente, está ligado ao fato de termos criado expectativas elevadas acerca de algo ou alguém. Uma determinada situação, quando não ocorre como gostaríamos, pode gerar frustrações e sensação de falta de capacidade, talento ou habilidade. Quando isso ocorrer com você, analise se criou expectativas altas demais e se o que aconteceu foi mesmo muito negativo ou se, simplesmente, não ocorreu como você esperava.

Na maioria das vezes, você vai perceber que não aconteceu nada de mais, apenas não foi como você queria. Mas não há necessidade de fazer nenhum drama ou de se frustrar, muito menos de se sentir fracassado por isso. Então, treine sua inteligência emocional para evitar criar muita expectativa sobre algo ou alguém, e não se apegar a resultados mirabolantes, nem ao perfeccionismo.

O perfeccionismo é um grande inimigo de muitas pessoas. Ele pode fazer você pensar que está sempre no abismo ou nos vales prolongados da vida, quando, na verdade, trata-se apenas do seu ponto de vista sobre o assunto.

O fato de pensar que você está no auge ou no abismo é bastante relativo. É como se diz na física quântica: isso depende muito da ótica do observador. Você pode achar que está no auge e as pessoas à sua volta lhe dizerem que você não está. Assim como você pode julgar que está no abismo, mas, quando olha bem a realidade de outras pessoas, pode refletir que não está tão mal assim. Por isso, tente sempre observar as circunstâncias com a melhor ótica possível. Muitas vezes, tudo pode estar bem melhor do que você imagina. Procure pensar no melhor cenário que puder, atraia mais positividade para a sua vida e experimente ver como tudo parecerá melhorar.

Nos momentos de transição entre altos e baixos, pode haver o que chamamos de platô, que é o período em que sentimos que nada acontece em nossas vidas. Parece ser um momento de inércia, no qual não sabemos se está tudo bem ou se está tudo mal. Há sempre erros e acertos em nossas decisões, ações e transmissões de comunicação.

Agora, por gentileza, responda às seguintes questões:

Quais são os maiores desafios que você tem enfrentado?

____

____

____

Quais aprendizados consegue extrair desses desafios?

____

____

____

Como você resolveu tais problemas?

____

____

____

O que o impede de conquistar o mundo?

____

____

____

Reflita sobre o que você escreveu aqui e analise se foi útil ou não ter passado por tudo isso. Você verá que até os maus momentos podem servir de aprendizado. Mas você sabe dizer por que, afinal, nós oscilamos tanto? Há diversos componentes envolvidos na formação da realidade pessoal.

A maneira como cada um de nós interpreta os estímulos externos e as situações cotidianas que se apresentam em nossas vidas, certamente, é um dos fatores preponderantes para que formemos nossa realidade. De toda forma, ela é sempre vista por nós conforme a interpretação de cada um. Você pode considerar que quando está no auge atingiu o sucesso, mas observe que nem sempre há atalhos para chegar lá.

Na jornada dos empreendedores há muitos altos e baixos. Eu sou empreendedora e tenho muitos clientes que também são. Nessa jornada, enfrentamos muitos desafios, assim como acontece com muitas pessoas de diferentes segmentos. Porém, a forma como conseguimos resolver isso é o que mostra nossa habilidade de lidar com as oscilações de casa fase. Os altos e baixos em nossa jornada fazem parte dos ciclos de aprendizado. São eles que nos fortalecem e geram sentimentos de satisfação e orgulho perante nossas conquistas!

Você não precisa sentir que vive em uma montanha-russa, mas quando passar por isso, foque na adrenalina e pense pelo lado positivo: o de que você pode fazer de conta que essa fase é o seu "parque de diversões", onde você se diverte e passa por vários ciclos.

No mundo do empreendedorismo você passa por várias fases. Dentre elas há a fase inicial, que corresponde àquela dos sonhos, do projeto, da idealização. A fase seguinte é a da pesquisa, do estudo de mercado, das análises. A terceira fase se dá quando acontece o planejamento de fato, em que se levantam os números, o capital de giro e a angariação de possíveis investidores e sócios, dentre outras ações. A quarta fase é a implementação do empreendimento em si, o desenvolvimento da gestão da empresa e tudo que que é necessário para que o empreendimento se desenrole da melhor forma possível.

O empreendedorismo também tem vários pilares e alguns dos mais importantes deles são: decisões e comunicações assertivas, organização e planejamento, ação, busca e investimento em conhecimento e persistência.

Na minha trajetória, passei por vários momentos de altos e baixos, e talvez você também; por isso, é importante aprendermos com cada um deles.

Eu nasci em Araguaína, no Estado do Tocantins, no dia 1° de Fevereiro de 1989. Vivi, portanto, em minha cidade natal; em Imperatriz, no Estado do Maranhão; em São José do Rio Preto, em São Paulo; em Goiânia, Goiás; em Fortaleza, no Ceará; em Lugano, na Suíça; e, atualmente, vivo em Lisboa, Portugal.

Por diversas vezes, passei por momentos muito difíceis, mas nunca desisti dos meus sonhos e sempre segui de cabeça erguida.

Aproveite bem sua jornada, pois independentemente do momento em que se encontra agora, saiba que tudo passa. Ao chegar no seu próximo pico, você de fato vai conquistar o mundo. O seu mundo, da sua maneira.

Gratidão por me permitir fazer parte da sua trajetória. Se quiser se conectar comigo, eis aqui os meus contatos. Vamos conquistar o mundo juntos(as)!

Forte abraço da sua mentora, Bárbara Marques.

Acesse o QR-Code acima para minha conta empresarial do WhatsApp.

> Cada um terá a vista da montanha que subir!
>
> BÁRBARA MARQUES

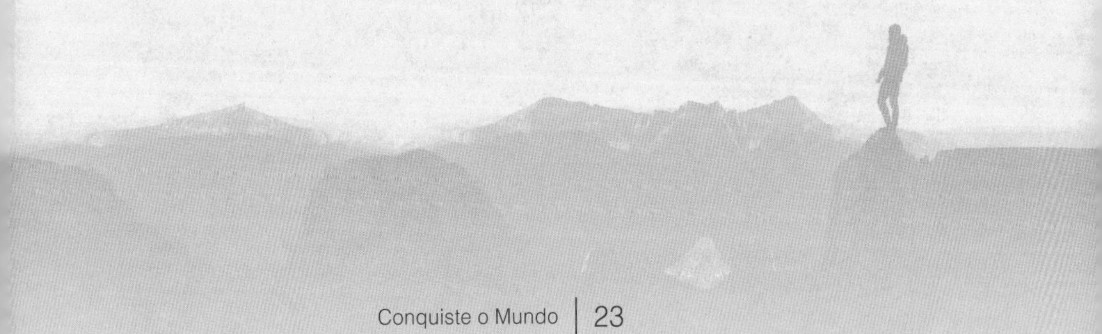

Carina Previato

Sou Carina Previato Pereira de Oliveira, pedagoga, pós-graduada em Docência do Ensino Superior e pós-graduada em Neurociência e Performance Humana, master coach integral sistêmico, CEO do Instituto Empodere de Treinamentos, escritora e palestrante.

Ajudo mulheres a encontrarem o seu propósito, alinhando a sua vida pessoal e profissional.

carinapreviato
carinapreviato@hotmail.com
Carina Previato/Master Coach e Palestrante
www.carinapreviato.com.br
Instituto Empodere: (44) 99183-1777
Podcast Pode Tudo, com Carina Previato

QUEM DESISTE NÃO CONQUISTA

POR CARINA PREVIATO

Todos nós temos sonhos e objetivos para conquistar. Mas, quando o caminho está difícil de percorrer o que fazemos? Por vezes, desistimos!

A vontade de desistir é natural, visto que nenhuma vitória acontece antes que haja uma grande luta. E é nesses momentos que estamos na beira de desistir que temos que parar e acreditar na nossa força interior e persistir até conseguir.

É trabalhoso e difícil ser persistente, por vezes desistir parece ser a melhor opção, mas eu lhe garanto que conquistar vale muito mais a pena.

Quando nos tornamos adultos, percebemos que tudo aquilo que idealizamos quando crianças não é uma realidade. Por vezes, quando somos crianças vivemos em uma bolha de muita criatividade, temos a proteção de nossos pais ou cuidadores, não temos compromissos ou grandes responsabilidades. Mas, quando passamos da fase da adolescência, é como se essa bolha estourasse e a realidade viesse à tona.

Após a faculdade, lecionei alguns anos e, em seguida, me tornei mãe. Só após dois anos voltei ao mercado de trabalho e, aí, veio a oportunidade de empreender. Como empresária, passei por diversos desafios. Na época, era bem mais jovem e queria que as coisas fossem do meu jeito. Era curiosa e sempre buscava novas formas de fazer a gestão, mesmo assim passei grandes dificuldades no mundo do empreendedorismo.

Quando veio a crise, em 2008, me vi perdida, sem base. Então, hoje vejo o quanto é importante a busca pelo autoconhecimento, identificar realmente o que você gosta de fazer, os caminhos que você precisa trilhar para chegar nesse objetivo Claro que naquele momento tudo parecia ser perfeito, até que, diante da realidade, tive que tomar uma atitude rígida e fechei as portas da minha empresa. Hoje, acredito que poderia ter tido um rumo diferente, se eu tivesse inteligência emocional para lidar com todas as adversidades, para buscar informação, conteúdo e apoios como o do

Sebrae (Paraná). Mas, na época, eu era muito arrogante e teimosa para isso.

É claro que vieram as consequências, e, dentre elas, a parte emocional foi a mais afetada – mesmo perdendo várias coisas materiais, como a própria casa e carros. Já que a crise também afetou nossas outras empresas, isso não era o que pesava mais para mim. O que mais se passava pela minha cabeça, naquela época, era o que os outros estavam achando de tudo aquilo, o que os outros iriam falar, o que os outros pensavam ao meu respeito.

E então foram cinco longos anos recuados, tanto do mercado de trabalho quanto das pessoas. Com poucos eu falava, porque quando saía na rua a impressão era a de que todos estavam me olhando e me julgando: "olha ali aquela empresária da loja tal, que era tão famosa e faliu". Sempre me pegava pensando na opinião dos outros. O que é tolice, porque quando você aprende a não ligar para a opinião alheia nada disso importa mais.

Esses cinco anos foram de grandes lutas, em que me vi numa batalha muito grande comigo mesma. Eu tive que aprender muitas coisas, mas foi no isolamento social que consegui entender as pessoas, me conhecer, e ver que, na verdade, eu estava perdendo para ganhar.

Falo isso porque, por vezes, nas nossas vidas, é melhor abrir mão do que continuar com o sofrimento. Na época, o meu sofrimento era o excesso de estoque, as baixas vendas, a quantidade excessiva de colaboradores, e tudo isso por quê? Porque a realidade é que eu não queria encarar o estado que minha vida estava. O casamento não andava bem e eu estava distante dos meus filhos. Quando estava com eles, minha cabeça se encontrava no trabalho. Vejo que tudo isso fez com que eu pagasse um preço muito alto. Esses cinco anos custaram uma grande evolução, que eu poderia ter tido na melhor fase jovem da minha vida.

Hoje vejo que o que passei serviu como grande aprendizado, também para me fortalecer. Penso que, tal como uma pedra preciosa, que precisa ser lapidada, passar pelo fogo foi necessário para eu me tornar valiosa.

A grande virada veio quando, primeiramente, a convite de amigos, participei de um acampamento da minha igreja e me conectei novamente com Deus. Nele, acabei perdoando os meus fracassos, entendendo a minha história de vida, parando naquele momento de me julgar, perdoando pessoas que eu carregava e por quem sentia muita raiva e dor.

Foi somente após me sentir libertada que entendi que a nossa mente poderia ser trabalhada.

Com o incentivo do meu marido, comecei a buscar autoconhecimento: cursos, mentorias, palestras e tudo o que pudesse agregar conhecimento. Eu queria entender que tudo aquilo pelo que eu tinha passado não podia mais determinar a mulher que eu queria ser no futuro.

Essa busca por autoconhecimento fez com que eu ressignificasse a minha história de vida. Claro que tudo foi um processo, que levou ainda mais dois anos. E, mesmo depois de passar por todo esse crescimento emocional e pelo entendimento que, por vezes, ainda me fazia sentir insegura ao dar passos, achava que não tinha o que ensinar para ninguém. Mas, com o tempo, me senti forte e confiante, pois via que com o meu trabalho estava, pouco a pouco, mudando a história de vida de tantas pessoas, usando tudo pelo que passei e com tudo que ensinava. Vi pessoas escolhendo caminhos diferentes para saírem dos problemas; afinal, eu estava sendo uma motivação.

Foi quando percebi que a minha missão era inspirar outras mulheres, para que elas não passassem pelo mesmo problema que passei e, assim, saíssem do fundo do poço, como eu.

E, com este capítulo, quero também inspirar você. Despertar o grande potencial que você tem, para que entenda que você é do tamanho dos seus sonhos, que você pode, sim, conquistar aquilo que deseja, basta acreditar e confiar.

Não irá acontecer da noite para o dia. Você vai precisar abrir mão de muitas coisas e vai precisar se desfazer de muitos laços, mas, com certeza, você terá o entendimento lá na frente e tudo fará muito sentido. Precisamos ser fortes e corajosos, porque nada na vida vem de mão beijada; você precisará dar passos em busca daquilo que deseja. Não adianta culpar a sociedade, as pessoas e o ambiente por algo que você não está se esforçando para conseguir. O universo irá recompensar você por tudo aquilo que você se esforçar para receber.

Então, a mudança que você tanto deseja está na sua decisão. Há algo grandioso que aprendi com livro *Autorresponsabilidade*, do Paulo Vieira: "Pessoas de grandes conquistas, após uma derrota, não culpam as circunstâncias, outras pessoas ou o destino, elas assumem a responsabilidade pelos resultados e se perguntam: o que eu devo fazer de diferente para que, da próxima vez, os resultados sejam melhores?" E ainda continua "Os vitoriosos não perdem tempo reclamando e focando no problema, eles focam na solução e nas possibilidades".

Assim, se eu pudesse deixar uma dica a você, diria que deveria adquirir também esse livro e assumir o poder da sua autorresponsabilidade na sua vida. É preciso entender que quem desiste não conquista!

Até quando você vai deixar na mão de outras pessoas o seu próprio destino? Até quando você vai permitir que as pessoas decidam se você vai ou vem? Até quando você vai deixar o seu emocional se abalar, até brecar os seus sonhos? Até quando você vai se sentir incompleto? Até quando irá aceitar migalhas?

Entenda: a decisão está em suas mãos. Você irá pensar em meios de saída do seu estado atual para chegar ao estado desejado. Para isso, é preciso identificar o que você tem vivenciado e qual é a vida que você deseja ter com os seus sonhos realizados. Nada mais.

E digo além: se eu consegui, você também consegue! Quero encorajá-lo com esse capítulo e lembrar que desistir não é uma opção (a não ser que você realmente deseje isso).

Mas tenho a certeza de que o seu coração, ardentemente, pede por um desejo de mudança. Eu já me senti assim. Tentei várias vezes e parava, tentava de novo e parava. Quando alguém me criticava, eu parava. Quando eu não ouvia as palavras certas de quem eu mais queria apoio, o que eu fazia? Parava e parava.

Estagnava no mesmo lugar e voltava à estaca zero! O que eu ganhei com isso?

Ninguém merece viver uma vida deslocada, viver na expectativa dos outros. Deus nos colocou neste mundo para vivermos o extraordinário.

Então, comece hoje a tirar do papel todos os seus projetos, faça um plano de ação, liste quais são os pontos positivos e quais são os pontos negativos daquilo que você deseja realizar. Coloque-os na balança, pois, com certeza, você terá clareza e sairá do estado emocional para a razão. Assim, você conseguirá enxergar quais caminhos deverá percorrer para chegar aonde deseja.

Somado a isso, não existe caminho fácil, não existe caminho curto, mas o que precisa existir é foco e determinação. Fazendo isso, você irá conseguir eliminar grandes tropeços que poderia ter ao longo do caminho, te atrapalhando. Busque o conhecimento daquilo que deseja fazer, pois ele te dará a amplitude e fará com que você tenha visão a longo alcance. Busque apoio e aliados, porque isolado ninguém chega a lugar nenhum.

E então, quando se sentir preparado, dê o seu primeiro passo, saia da sua zona de conforto e vá à luta. Está em suas mãos o próximo capítulo da sua vida, porque conquistar já não é mais uma escolha, e, sim, uma decisão. Portanto, dê o primeiro passo e veja o quão próspero você pode ser, veja como, do seu jeito, você pode ajudar tantas pessoas e lembre: quem desiste não conquista.

> Não deixe que o medo da opinião das pessoas decida o seu futuro!
>
> CARINA PREVIATO

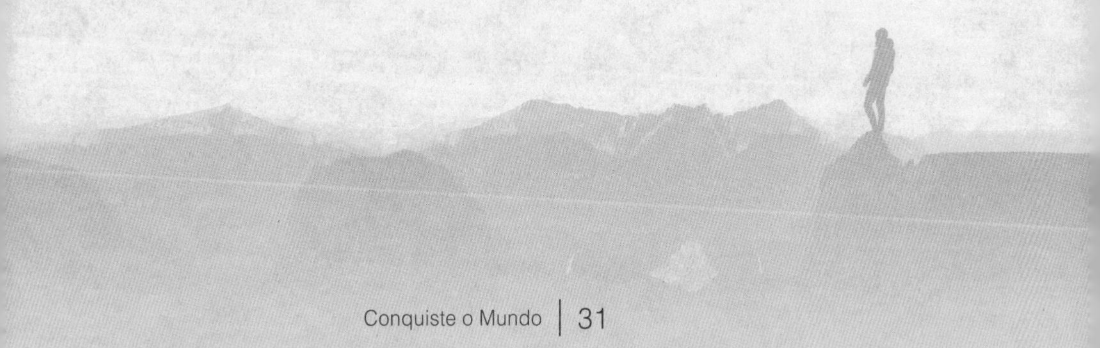

Cleide Abreu

Sou Cleide Abreu, filha amada de Deus, tenho 32 anos e sou casada com Welberth Abreu. Sou mãe de Lorenzzo e Pietro.

Atuo como escritora, empresária, palestrante e coach life (O coach integral sistêmico leva o cliente a uma vida abundante em todas as áreas da vida.

O coaching é um processo de ajuda centrado nos aspectos emocionais, que envolvem o desempenho pessoal ou profissional. Com ele, é possível desenvolver também suas habilidades financeirasa, gerando resultados extraordinários, com plano de ação e clareza nos objetivos e metas.) Sou formada pela Febracis.

cleideabreucoach

cleidecaetano.abreu@gmail.com

(31) 99228-5721

CONSTRUINDO NOVAS CRENÇAS

Por Cleide Abreu

O que de fato são crenças? Quais crenças construímos ao longo da vida? Quais crenças trazemos da infância? Como tem sido o seu resultado diante de suas crenças?

Você sabe o que são crenças?

As crenças determinam nossas vidas, são profecias quânticas autorrealizáveis.

Comunicação – pensamento – sentimento – crença

Como andar de bicicleta, dançar, cantar e tocar um instrumento musical, as crenças são formadas desde a infância e criadas ao longo de nossas vidas. Quero trazer aqui um pouco sobre a minha jornada, sobre crenças de capacidade e identidade. O quanto, ao longo da minha vida, eu me deparei com autoanálise. Então, venha comigo nesta jornada, pegue na minha mão e eu não te solto até finalizarmos a última página deste capítulo.

Segundo o *best-seller* O *poder da Ação*, de Paulo Vieira, a crença de capacidade é determinada pelo que você acredita ser capaz de fazer ou de aprender a fazer. A partir deste ponto, eu quero apresentar para você um momento na minha vida em que eu vi claramente o quanto eu me sentia incapaz.

Ao longo da minha infância, construí a crença de incapacidade. Já no ano de 2018, estava vivendo uma das experiências mais marcantes na vida de uma mulher: a maternidade. Tinha Lorenzzo, o meu primogênito, e vivia os primeiros três meses de muita alegria com a chegada de Pietro.

Porém, numa tarde de dezembro, Pietro teve uma febre altíssima. Logo, um ultrassom detectou uma pedra na sua vesícula. Foi sua primeira internação. Iniciávamos ali uma jornada hospitalar com um vasto ciclo de internações, exames e investigações. Nos consultávamos com vários especialistas: pneumologista, alergista, geneticista, pediatra etc. Após passar por muitos médicos, Pietro evoluiu para uma pneumopatia crônica, seguida de uma hipogamaglobulinemia, que é uma doença autoimune. Cheguei a me sentir incapaz de cuidar dele em muitos momentos. A dor, o medo, a preocupação e os impedimentos me consumiam; com uma identidade disfuncional, ali eu me perdi. Eu me sentia incapaz ouvindo, por várias vezes, os médicos dizerem que não tinha jeito. Eu estava me sentindo cada vez mais distante da minha conexão com Deus.

Em 2021, fui ao maior treinamento de inteligência emocional do mundo, o método Cis, de Paulo Vieira e Camila Vieira. Lá, eu pude construir novas crenças, por meio das quais eu liberei o perdão para mim mesma, me livrando daquele sentimento que adquiri nos últimos três anos. Foi, também, um reflexo adquirido na minha infância, quando olhei para Pietro e disse: "Filho, mamãe e papai fizeram o que puderam. Da mesma maneira, olhei para Lorenzzo, meu primogênito, hoje com 6 anos, e disse: "Filho, mamãe lhe deu todo o amor que podia dar nesses três anos".

Me sentia culpada por me ausentar da vida dele; por outro lado, Pietro tinha grandes riscos de óbito, e estava precisando 100% de nós. A crença de capacidade foi reconstruída na minha vida, incorporando-se à minha verdadeira identidade, e continua sendo aperfeiçoada dia após dia.

Hoje, estou vivendo a maior conexão com meus filhos, minha família e minha vida profissional. Por isso, afirmo que valeu a pena me permitir essa nova construção de crenças.

E você, o quanto se sente capaz? E nos seus negócios? O quanto você se sente capaz nas áreas que considera como sendo as principais da sua vida? Como está a sua área financeira, familiar, sua saúde, sua espiritualidade etc?

Essa história que contei já impactou muitas vidas e pessoas de várias cidades, as quais oraram incansavelmente por um milagre. Assim, diante de uma grande jornada de superação, nasceu o livro *Paredes brancas*, com vários depoimentos de médicos e enfermeiros que passaram pela vida do meu filho, além de familiares e amigos que viveram essa jornada exercendo sua fé. Neste momento em que estou escrevendo este capítulo, Pietro está a mais de 10 meses sem internação.

Crie novas memórias, construa novas crenças: temos em nossas mãos o poder da decisão. Se você cair em algum momento da sua vida, levante-se e comece de novo. Lembre-se: desistir nunca será uma opção. Busque uma conexão maior consigo mesmo, tire de si a sua melhor versão.

Eleve as suas expectativas e se permita viver a experiência de ler esse livro extraordinário. Leve-o, também, a muitas pessoas que desejam e precisam viver uma transformação em suas vidas.

Pietro chega até você para transformar, trazer vida, esperança, fé e coragem.

A crença de identidade define quem somos! Quem verdadeiramente você é? Por um longo tempo na minha vida me senti incapaz, perdida, sem objetivo e, por diversas vezes, me fiz a mesma pergunta: qual é o meu propósito? Qual é a minha missão? Talvez você se faça essa mesma pergunta.

Quando Lorenzzo e Pietro chegaram, começava ali uma jornada, uma missão. Assim acontece em todas as áreas de nossas vidas. Mas eu precisei entender quem eu realmente era, ter coragem para enxergar a mim mesma; isso pode doer, mas é libertador. Me vi orgulhosa, perdida, aos prantos e descabelada por ter gerado uma criança tão amada, e que, no seu terceiro mês de vida, trouxe surpresas e doenças. Eu estava sem consciência para entender aquele momento: o que eu queria era estar rolando na grama, levando meus filhos para passear, brincar, mas me deparei com vômitos, procedimentos médicos, uma criança que precisava de mim e eu perdida dentro de mim mesma... Em muitos momentos questionei Deus.

Eu peço a você permissão agora para falar da minha fé, porque é impossível continuar este capítulo sem falar do meu relacionamento com Deus. Houveram muitos momentos em que falei a Ele com dor e lágrimas. Uma certa vez, ajoelhei-me numa cadeira no quarto de hospital e falei: "Deus, por quê?". Por muitas vezes, vendo o olhar perdido dos médicos, comecei a construir novas crenças, comecei a enxergar o cuidado de Deus e o que ele queria de mim. Ele então se revelou a mim de uma forma sobrenatural e extraordinária. O ano de 2022 tem sido impactante, com essa jornada de descobertas, novas crenças, crenças de identidade, capacidade e merecimento.

Lendo um livro, me deparei com o seguinte versículo:

> "Tende em Vós o mesmo sentimento que houve também em Cristo Jesus, que a si mesmo esvaziou, assumindo a forma de servo e a si mesmo humilhou, tornando-se obediente até a morte, e morte de cruz, pelo que também Deus o exaltou sobremaneira." (Filipenses: 2: 5,7-9)

Eu entendo que cada um de nós tem sua jornada e deve viver seu processo, sem pular etapas.

Pietro chegará até você trazendo coragem, força e resistência. Cada ciclo, etapa, processo e experiência gera novas crenças, e são elas que determinarão como serão seus resultados.

Há poder em nossas palavras, você é o que acredita ser. "Assim como você pensa na sua alma, assim você é" (Provérbios 23.7). Nossos pensamentos são altamente poderosos, tanto que são capazes de transformar nossas vidas, positiva ou negativamente. A física quântica já constatou que nossos pensamentos podem influenciar em quem nos tornamos. Portanto, se você pensar que é uma pessoa feliz, capaz, realizada, tanto profissionalmente quanto pessoalmente, você será capaz de criar está realidade em sua vida.

Pense, por um instante, no pé de tomate: uma planta saudável pode dar mais de cem frutos. Mas, para termos um tomateiro com todos esses tomates precisamos começar com uma pequena semente. Essa semente não se parece com um pé de tomate e não tem gosto de tomate. Assim, se você não tivesse certeza de que se trata de uma semente de tomate, nem mesmo acreditaria que dela poderia se originar uma planta.

Digamos que você planta essa sementinha no solo fértil, a rega com frequência e a expõe ao sol. Quando surgir o primeiro brotinho, você não pisa nele, nem diz que não é um tomateiro. Em vez disso, o examina atentamente; provavelmente dirá que é bom, que está nascendo e observa a plantinha crescer com satisfação. Com o tempo, você continua regando, cuidando e poderá ter um tomateiro com mais de cem saborosos tomates. E tudo começou com uma única e pequenina semente!

O mesmo acontece quando você está criando uma nova experiência: o solo onde se planta a sementinha é o seu subconsciente. A semente é uma nova afirmação: toda nova experiência está nessa sementinha. E você a rega com narrativas e pensamentos positivos, bem como crenças fortalecedoras. Você toma esse cuidado e, ao longo da sua jornada, em todas as áreas da sua vida, você vai, a seu tempo, colher os melhores frutos e saborear as melhores experiências. Dos obstáculos, vai tirar os melhores aprendizados, tomando decisões assertivas até ver os frutos de sua jornada.

O tanto que você plantou e se dedicou, fez com que a colheita se tornasse prazerosa. Esse é o sentimento de quem lutou e acreditou com consciência, coragem, verdade e humildade. Por isso, eu desejo que você construa novas crenças e memórias fortalecedoras.

"Vista sua melhor versão." Eu desejo que você viva o extraordinário e lembre-se de que a alegria está na jornada.

Na aprendizagem é possível extrair o ouro das nossas lágrimas e, das experiências mais amargas, é possível tirar aprendizagem das frustrações. É possível traçarmos um novo plano, uma nova rota e seguir caminhos que nos levam a uma vida abundante, próspera, saudável e extraordinária. Espero ter elevado sua expectativa para ouvir um pouco mais dessa história no livro *Paredes brancas*. Espero, também, ter contribuído com minhas experiências. Gratidão por você ter ficado comigo até aqui.

Com muito amor e alegria pela vida de cada um de vocês, um grande abraço de 40 segundos.

> Vista sua melhor versão!
>
> CLEIDE ABREU

Crys Calero

Sou Crys Calero, filha amada de Deus, sempre fui apaixonada pela ciência do comportamento e da mente humana. Desde, 2016 sigo o chamado do meu coração.

Atuo como treinadora comportamental, mentora e palestrante com especialização em autoestima e autoconfiança. Sou também *master coach*, consteladora familiar sistêmica, *practitioner* em Programação Neurolinguística e analista de perfil comportamental.

Através da minha missão, venho transformando positivamente milhares de vidas e negócios. Criadora do Método Florescer, ajudo pessoas transformarem a insegurança no sucesso que elas merecem, florescendo como girassóis, de frente para luz.

cryscalero

criscalero@gmail.com

VÁ COM MEDO MESMO

Por Crys Calero

Assim como a maioria das pessoas, eu também já tive muitos medos, os quais me acompanharam por muito tempo e me impediram de viver coisas extraordinárias.

Lembro que quando eu era criança, era do tipo quietinha. Minha mãe se orgulhava em dizer que eu “não incomodava” e que onde ela me deixava eu ficava. Acreditei por muitos anos que isso era uma forma de ser validada, reconhecida e aceita por quem dependia de amor. Acontece que eu não fui criada na presença do meu pai; ele desapareceu quando eu tinha 3 anos e minha mãe trabalhava dia e noite – o que a impedia de se ocupar dos cuidados diários comigo. Fui, então, criada por meus avós e meus mais de dez tios e tias, em uma casa humilde e com muitas limitações financeiras. Me lembro de momentos muito divertidos; porém, mesmo cercada de muitas pessoas e diversão, eu me sentia muito sozinha.

Uma professora na escola pediu à classe um desenho e uma redação sobre o nosso maior sonho. Eu desenhei uma família: pai, mãe e uma menina. Sim, aquela era a família que eu sonhava em ter. Lembro que eu ia na casa de minhas amiguinhas e as via com os pais e pensava: “Elas devem ser muito felizes. Têm o pai e a mãe juntos.” Quando somos crianças, nós não temos capacidade cognitiva de entender as coisas como elas são, mas pela própria interpretação emocional de tudo o que nos acontece.

Você deve estar se perguntando, mas o que isso tem a ver com o medo? Acontece que o fato de eu não me se sentir aceita nem reconhecida, influenciou diretamente na minha autoconfiança e autoestima. Eu me sentia rejeitada, abandonada e, na fase adulta, vieram os tais medos, ao tentar conquistar meus objetivos. Porém, muito desses medos estavam mascarados em comportamentos que eu nem percebia, como:

- Necessidade de ser aceita e aprovada o tempo todo;

- Ao comparar-me e achar que tudo do outro é melhor;

- Achar que nunca estava pronta, sempre tinha que aprender mais;

- Perder muitas oportunidades por vergonha e medo;

- Procrastinar coisas importantes para avançar;

- Não me sentir merecedora de prosperidade;

- Me cobrar e me criticar demais.

Por causa desses comportamentos, eu sofri com insônia, diversas crises de ansiedade, relações abusivas, problemas financeiros e até pensamentos suicidas.

Talvez você também tenha um desses comportamentos repletos de medos e nem perceba que eles estão roubando sua oportunidade de viver o seu extraordinário. Me refiro a ter um relacionamento saudável e feliz, uma profissão motivadora, um propósito de vida, saúde com disposição, abundância e liberdade financeira para realizar seus desejos e sonhos, bem como paz e leveza emocional a fim de lidar com os desafios do dia a dia.

A minha missão neste capítulo é transmitir a você a mensagem de que sim, é possível viver de forma plena e leve, mesmo que você tenha alguns medos. Você pode tudo, só não pode deixar de acreditar em você!

Hoje, depois de anos de estudo e prática, entendi como funciona a mente humana. Aprendi a honrar a vida de meus pais e sei o quanto as escolhas deles devem ter sido difíceis. Me libertei dos sentimentos de rejeição e abandono que ficaram no meu inconsciente e me impediam de evoluir -- entendi que eles erraram tentando acertar e que entregaram o melhor que tinham. Compreendi que o meu maior dever, a partir desse entendimento, é somente o de aprender a me amar. Porque só ao nos preencher de amor não ficamos mais dependendo do afeto, da validação e do reconhecimento de alguém. Isso faz com que nos sintamos fortes, seguros e com valor próprio grandioso para lidar com os medos que virão pela frente.

Sim, os medos irão cercar você a todo instante. Esse sentimento tem um papel importante em nossas vidas: sem ele, você atravessaria a rua sem olhar para os lados ou se jogaria de um prédio alto sem receio de se machucar ou de morrer. Nós precisamos, apenas, aprender a lidar com os medos.

Você sabe qual é o maior medo do ser humano? O de falar em público! Um estudo realizado com mais de três mil ingleses e publicado pelo jornal britânico *Sunday Times*, em 2015, revelou que o medo de falar em público é o mais temido (41%), sendo muito maior que o medo de ter problemas financeiros (22%), de ficar doente e, inclusive, que o medo de morrer (19%). E por que este medo é tão grande? Porque ele está ligado à rejeição. Você se lembra de quando falei sobre como me sentia rejeitada e o quanto isso me levou a ter medos? Pois então: a maioria das pessoas tem medo de falar em público por receio de ser julgada e não aceita, de ser criticada por algum erro ou ser excluída.

Se você observar a pirâmide feita pelo psicólogo humanista Abraham Maslow, idealizada a partir do comportamento humano, a nossa quarta necessidade é a estima.

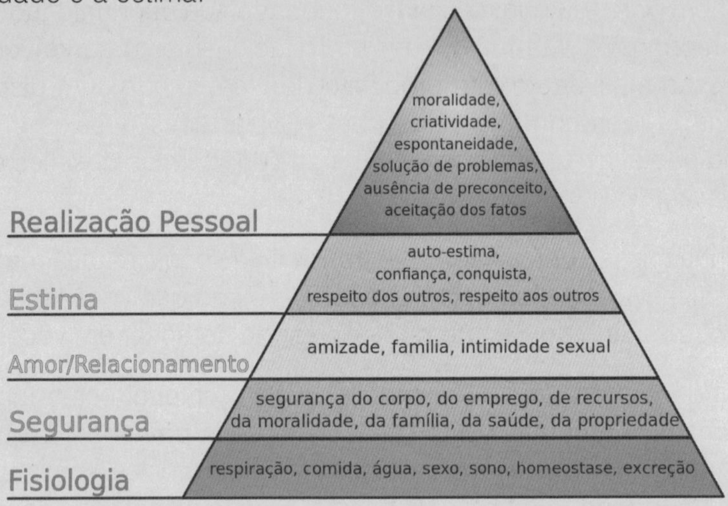

Perceba que buscamos reconhecimento e valorização o tempo todo. Um dos principais medos do ser humano é o de ser rejeitado. Talvez o seu medo esteja ligado à necessidade humana de reconhecimento e valorização.

Vamos fazer um breve exercício.

Assinale quais são os seus medos (você pode marcar quantos quiser):

( ) falar em público

( ) morte

( ) doenças

( ) fracassar

( ) ficar sem dinheiro

( ) não ser bom o suficiente

( ) decepcionar pessoas próximas

( ) decepcionar as pessoas

( ) não dar certo

Por trás do medo existe um gatilho de rejeição que o impede de avançar, fazendo com que você se sinta inseguro, ineficaz, incapaz e até doente fisicamente e emocionalmente, como aconteceu comigo. Se você não lutar contra isso com o coração e a mente aberta, poderá, com o tempo, piorar e ter limitações ainda maiores. Sentir medo não é sinônimo de fraqueza: todos nós estamos sujeitos a isso. Devemos, portanto, aprender a lidar com tais medos, para não precisarmos pertencer a ninguém e nada. Mas como fazer isso?

Você precisa preencher os vazios em sua estima e em seu amor-próprio para reconhecer a sua identidade real. O seu valor está em quem você é, e não no que faz ou tem.

Nos cinco passos a seguir, você aprenderá a lidar com seus medos:

1. Reconheça e aceite os seus medos. Negá-los ou ocultá-los é a pior coisa que se pode fazer. Acima, você já listou alguns deles; se quiser, pegue uma folha de papel e escreva outros mais.

2. Ressalte suas vitórias. Descreva de cinco a dez das suas principais conquistas. Reflita sobre os desafios que passou para chegar aonde chegou, pense nos medos que você tinha e como fez para superá-los. Quando olhamos para algo que conquistamos, nos valorizamos e percebemos que é possível. Pensamos: "se já enfrentei desafios muito maiores, e eu posso enfrentar outro, novamente".

3. Aprenda a reconhecer o que você faz de positivo. Quando você aprende a se reconhecer, a se valorizar, você acaba com o seu medo de errar. Nós fomos criados para acertar sempre e nunca errar. Quando éramos crianças e fazíamos algo errado, éramos mais punidos pelos erros do que validados pelos acertos. Então, a cada conquista, por menor que ela seja, reconheça o seu valor. Aprenda a se dar valor, sem precisar esperar que os outros o façam.

4. Pegue leve com você: a autocrítica é o principal aliado do seu medo. Você precisa calar a voz interna que insiste em dizer que não vai dar certo,

que você não vai conseguir, que não é capaz, que o outro é melhor. Uma forma de silenciar essa voz é reforçar as suas qualidades a cada vez que você "se chicotear". Fale palavras positivas sobre você. Por exemplo: eu sou determinado, eu sou focado, sou capaz. Repita tais falas positivas para criar novas conexões neurais e fortalecer sua autoestima.

5. Não se compare. Ao se comparar, você acaba com sua autoconfiança. O medo que você sente cresce e toma conta de tudo, paralisando-o cada vez mais. Você anula todos os seus pontos positivos quando se compara. Entenda: cada pessoa é única. Deus fez de você um ser único. Honre sua linda essência e entenda que cada um tem sua caminhada.

O medo já me paralisou muitas vezes. Já me senti vazia, deixei oportunidades de negócios, financeiros e até relacionamentos passarem. O medo também já me fez procrastinar, deixar de fazer coisas para mim e fazer para os outros, em busca de aceitação. Mas eu consegui dar a volta por cima: foi quando eu cheguei no mais profundo buraco do poço, aquele em que não se enxerga nenhuma luz. Eu fui resgatada pelo amor mais lindo, a nossa primeira instância: **Deus**. Foi quando eu resolvi imergir para dentro de mim, busquei respostas e a cada questionamento eu ia me aproximando mais de Deus e ia entendendo muitas coisas.

Então, a grande ficha caiu quando eu entendi que primeiro eu teria que estar bem comigo mesma, levar a luz para mim e, assim, eu aprenderia a lidar com os medos. Soube que trabalhando meu autoconhecimento e minha inteligência emocional eu me ajudaria primeiro, preencheria meu ser de amor, aprenderia a lidar com todos os meus sentimentos vulneráveis e, só depois disso, eu conseguiria ajudar o próximo, assim como fazem os girassóis que buscam a luz para levar aos outros, em dias sombrios. Meu maior aprendizado foi saber que ninguém consegue dar o que não tem.

Hoje sou liberta, aprendi a me amar e floresço em minha vida, na vida da minha família e nos negócios. E, assim, sigo a minha missão, me abasteço primeiro e só depois consigo distribuir sementes de luz por este mundão. Ajudo pessoas a lidarem com seus medos e suas inseguranças através do fortalecimento da sua autoconfiança e autoestima. Sei que minha missão é grandiosa e eu gostaria de transbordar na sua vida.

Entre em contato comigo, eu vou adorar receber você e entender como eu posso ajudá-lo a conquistar o mundo!

> Você pode tudo, só não pode deixar de acreditar em você!
>
> Crys Calero

Elias Júnior

Sou filho de Elias Tavares Cruz e Auristela Maria Calvanti da Silva Cruz, nascido em Recife/PE. Pai de Aille P. Tavares.

Sou empreendedor desde 2004 atuando no ramo de transporte turístico, alimentação, vestuário, calçados, entretenimento, artes e veículos, além de ser investidor de negócios. Nesses 18 anos de empreendedorismo ativo, já aprendi muito com minhas falhas e até falências.

Hoje encontrei no mercado de *startup* o meu lugar; atuo há um ano e sete meses como empreendedor em uma empresa de tecnologia e inovação de consumo inteligente.

elias_sensacional

(81) 98844-6337

Elias Júnior

CORRENDO DA DEPRESSÃO

POR ELIAS JÚNIOR

Tudo começou no novo ciclo da minha transição de carreira, quando voltei para a casa dos meus pais. Isso se deu por motivo de separação no casamento e de doença do meu pai – uma parada cardíaca, no final de 2013 para 2014.

Voltei para a casa dos meus pais para ajudar no período em que meu pai ficou internado no hospital, cerca de 15 a 20 dias. Isso me fez lembrar a minha infância, mas as coisas haviam mudado de posição. Comecei a dar banho nele, cuidar dele, trocar fralda, foi um momento memorável para mim. Graças a Deus, ele voltou para casa bem e fiquei cuidando dele até ele se recuperar, mais ou menos um mês depois. Nesse período eu estava sem trabalho, sem direção, sem perspectiva, porque sentia no meu coração que não era para trabalhar mais com transporte escolar e turismo, mas não sabia exatamente o que fazer. Abandonei tudo, e fiquei muito tempo na casa dos meus pais. Era só para eu passar uns seis meses, mas isso virou quatro anos.

Foi aí que eu entrei em depressão, pois fiquei improdutivo, cheio de medos, dúvidas (em um lugar de baixa frequência), porque na casa dos meus pais só se fala em doença, escassez, pobreza, conflito, mediocridade, brigas, reclamações etc. Gastei aproximadamente seis meses para vender a van escolar, que era meu ganha-pão, até conseguir vendê-la por um preço justo. Mais uma vez, peguei a grana e ao invés de investir em mim, em cursos, treinamentos, essas coisas, investi nos outros, e fiz sociedade com um artista plástico. Fazíamos exposições em eventos em três Estados, e, novamente, descobri que não era aquilo que Deus tinha para mim. Apesar de eu amar todo tipo de arte, dessa vez eu quebrei, perdi tempo e dinheiro, mas aprendi.

Hoje, vejo que só aprendemos com as perdas e ganhamos ao recomeçar. Nesse processo eu estava trabalhando e deprimido, fazendo algo que só focava no dinheiro, eu só via o financeiro. Foi quando recomecei a investir em compra e venda de carros de leilões, o que não deu muito certo também – passei uns três a quatro meses nesse novo ramo. Mais uma vez, não deu lucro, só aprendizado e perda de dinheiro. Fiquei com um carro e comecei de novo a rodar na Uber como motorista. Na época, a Uber estava começando.

Nesse período ainda estava morando com os meus pais, acomodado, cheio de medos, inseguranças e dúvidas. Saí da Uber, coloquei no lugar um motorista e, mais uma vez, aconteceu algo que eu não esperava. O motorista fundiu o motor do carro. Mais um motivo para eu me frustrar... piorou a depressão. Não procurei ajuda de um psicólogo ou terapeuta – achava que podia superar sozinho. Foi quando tomei a atitude de vender o carro, recomeçando.

Então, Deus me mostrou a oportunidade de trocar o carro por um trailer de lanches e deu tudo certo, troquei um pelo outro. Mais uma vez, visando recomeçar – agora vendendo açaí no trailer. Foi quando, no dia 18 de maio de 2016, tomei a decisão de sair da casa dos meus pais para dormir dentro do trailer. Fiquei morando lá mais ou mesmo uns dois meses, sem nada: sem colchão, sem geladeira, sem fogão, só empreendendo com isopor e gelo. O lugar em que comecei a empreender e morar era uma praça de vários trailers, perto do shopping, em Olinda/PE. Assim, conheci muitos empreendedores que vendiam acarajé e queijos, dentre outros vários alimentos.

Nesse período eu estava empreendendo com gratidão porém, insatisfeito: eu queria algo mais. Foi quando eu tive a ideia de vender o trailer, pois não vi muito futuro naquela praça de alimentação de foodtruck. O interessante era que nessa praça tinha uma escola infantil para crianças de até 5 anos, e o nome da escola me chamava atenção: "Era uma vez" ... Então, fiquei imaginando fazer um curta-metragem e um livro sobre minha história, com esse nome: "Era uma vez...".

Consegui vender o trailer, mas como eu não estava bem voltei para a casa dos meus pais, inseguro. O meu desejo maior era o de viajar para buscar me conhecer melhor, ir atrás da minha missão, do meu propósito, do que nasci pra ser. Fiquei mais um período na casa deles e, à procura de fazer algo pela internet, eu conheci uma empresa delivery de bicicleta.

Nesse momento, eu estava muito mal, irritado e deprimido, porque não sabia o que queria fazer da minha vida. Foi quando percebi que eu estava num processo de profunda depressão. Aí, deixei de fazer o que eu gostava: surfar, ouvir música, sorrir, comer e dançar. Não via sentido em nada. Mesmo assim, sentia uma força dentro de mim para recomeçar.

Foi quando comecei a trabalhar de bicicleta como entregador de almoço, em um delivery. Aí, aconteceu o que eu nunca esperava: no momento da entrega eu percebi que meu olho esquerdo estava com pigmentos pretos na parte inferior. Nesse momento eu não sabia o que era, fui correndo de bicicleta ao oculista mais próximo. Fiz todos os exames, e o médico me orientou a fazer, urgente, a cirurgia de deslocamento de retina, disse que meu quadro era grave. Eu não fui fazer a cirurgia, pois, particular, custava mais de 10 mil reais; busquei a clínica Altino Ventura e entrei na emergência na esperança de conseguir a cirurgia pelo governo. Nesse período eu fui perdendo aos poucos a visão do olho esquerdo, e comecei a me perguntar por que estava acontecendo isso comigo. Eram vários questionamentos, fiquei questionando e procurando os culpados, questionei, inclusive, Deus.

Como membro da igreja messiânica, eu decidi entregar essa situação a Deus e não me desesperar. Acreditar e confiar n'Ele, que se fosse d'Ele eu fazer a cirurgia eu faria, tanto que Ele confirmou, através dos médicos, que não havia sentido em fazer a cirurgia mais, pois tinha passado do tempo. Existe uma passagem bíblica que diz: "Buscai e encontrareis" (Mateus 7:7), e fui buscar. Deus começou a me mostrar o que eu estava buscando, me levou à uma palestra de inauguração de uma ONG, onde uma contadora de histórias contou a história de um Joãzinho que toda vez ia brincar na floresta e voltava para casa sem alguma coisa: sem o botão da camisa, sem o boné, sem o chinelo... até que, um dia, a mãe dele perguntou: "Meu filho, você voltou sem um olho?" e ele respondeu: "Não, mãe... pelo contrário. Deus virou meu olho pra dentro, que bom! Eu comecei a ver dois mundos ao mesmo tempo, o mundo interior e o mundo exterior." Nessa hora deu um estalo na minha mente, pois eu comecei a rir e chorar ao mesmo tempo, pois entendi a mensagem de Deus para mim, me falando que aquela criança era eu.

Depois de passar no médico, pensava que não estava mais enxergando do olho esquerdo, e, através dessa história, Deus me mostrou que eu nunca havia perdido a visão, só tinha ganhado um novo olhar, uma nova percepção através da gratidão. Nisso, descobri que Deus sempre existiu, sempre esteve dentro de mim, e só depois desse incidente que escamas foram tiradas dos meus olhos e passei a enxergá-lo.

A minha maior virada de chave foi começar a fazer esporte com mais intensidade. Comecei com triathlon amador (nadar, correr e pedalar). Priorizei treinar a corrida, pois já andava bem de bicicleta e já nadava bem. Eu corria todos os dias: primeiro, comecei com 1 quilômetro, depois foram 5. Depois, me desafiei a fazer mais de 5 quilômetros, superando dores incríveis – físicas e emocionais. O que mais me ajudou a superar as dores e a me superar, correndo cada vez distâncias maiores, foram os audiobooks de Antony Robins, André Brain Power e outros, falando de neurociência e mudança de mindset. Com isso, eu cheguei a percorrer até 20 quilômetros – que eu não achava que era capaz de conseguir.

O livro O poder do agora também transformou minha mente, pois, deprimido, eu vivia no passado, e, ansioso, eu vivia só no futuro. Esse livro me ensinou a focar no que verdadeiramente importa: o **agora**. Comecei a usar a técnica de autossugestão, batendo no meio do peito. Eu descobri que havia uma glândula da alegria no meio do peito, chamada timo. Até então, ela era desconhecida pra mim.

Na verdade, o livro A magia me impactou antes mesmo do que todos os citados acima, pois foi através do exercício da gratidão que ele me inspirou a fazer que eu comecei a aceitar, acreditar, agradecer e verbalizar a gratidão, decretando como seria meu dia, pela verdadeira existência do divino em mim. E me lembrei de um ensinamento de Meishu-Sama, que dizia que *"coração agradecido comunica-se com Deus e o queixoso se relaciona com satanás"*. Comecei a perceber que era minha baixa frequência que atraía todas as situações desafiadoras para a minha vida.

Nesse momento, comecei a pesquisar sobre física quântica e descobri que eu era responsável por tudo o que ocorria na minha vida. Então, comecei a me perceber mais autoconfiante e encorajado a, definitivamente, sair da casa dos meus pais e me mudar para Porto de Galinhas. Estava decidido a assumir a responsabilidade pela minha vida e minha independência. Passei a aceitar os desafios que ia enfrentando com mais destreza, coragem e leveza, associando sempre à minha vida os livros, o esporte e a aplicação das técnicas aprendidas. Fui com medo: meu maior obstáculo e inimigo era a minha mente. Então, depois da história de Joãozinho, somada a todas as experiências que vivi, eu entendi que Deus faz tudo para o nosso bem, e que podemos compartilhar servindo as pessoas com a nossa experiência, vivendo com o Pai Maior.

Certo dia, eu estava de bicicleta e me caiu uma ficha ao ver o mar: comecei a ter um olhar de gratidão sobre tudo o que estava acontecendo e tudo o que estava enxergando. E eu, em voz alta, agradeci. Levantei os braços, mesmo pedalando na bicicleta, eu agradeci, e senti como Deus é maravilhoso, e disse: "Obrigado, Senhor, por estar enxergando. Obrigado por quem eu sou realmente. Eu sou Sua imagem e semelhança, muito obrigado por eu ganhar um novo olhar para o Senhor, para mim mesmo e para a vida". Nesse momento, estouraram muitos fogos, não sei onde, mas senti que o Deus do universo me respondeu com aquele barulho todo. Foi incrível!

> Deus me mostrou que eu comecei a ver dois mundos ao mesmo tempo: o mundo interior e o mundo exterior, por meio de um novo olhar de gratidão.
>
> ELIAS JÚNIOR

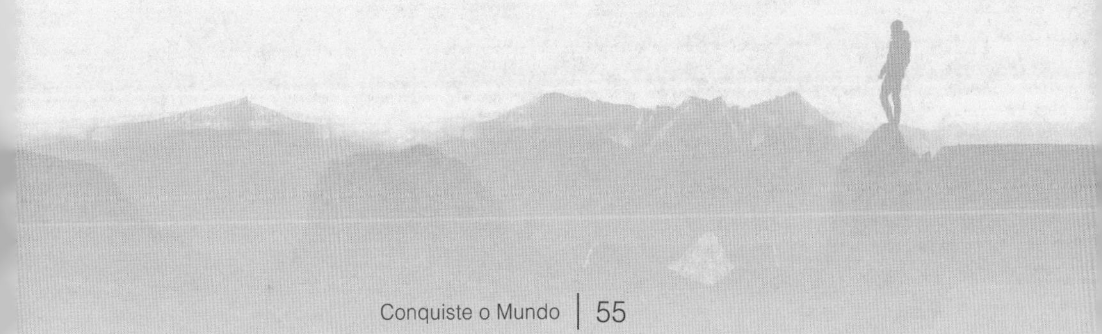

Elisabete Gomes

Sou Elisabete Gomes, psicóloga, consultora, treinadora, mentora e *coach*. Tenho experiência de 47 anos em organização na área de desenvolvimento de pessoas e de líderes. Por cerca de 27 anos atuei como colaboradora de empresa de grande porte e o restante do tempo tenho atuado no mercado de desenvolvimento de profissionais e líderes em empresas de diversos segmentos e portes.

Há cerca de 10 anos, atuo como consultora e instrutora credenciada pelo Sebrae-RJ, nos programas de gestão de pessoas e liderança. Minhas entregas são customizadas, seja individualmente ou para as empresas.

Sou respeitada pela dedicação, comprometimento, empatia e carinho que expresso.

betegomescoach

(21) 99759-0525

eog.elisabete.gomes@uol.com.br

Elisabete Gomes

DESENVOLVENDO MINHA LIDERANÇA

POR ELISABETE GOMES

Etimologicamente a palavra desenvolvimento vem de desenvolver, que descreve um ato de "desenrolar, permitir a saída ou aparecimento de algo que estava tolhido", formada pelo prefixo "des" – de oposição – e envolve, que veio do latim *volvere:* "rolar, fazer girar". Aumento, progresso.

Por sua vez, "liderança" vem do inglês *leader*, que significa guia, chefe. Derivado do inglês arcaico, l*aedan* significa guiar, chefiar, do germânico *laithjan*, chefiar. Daí, vieram as palavras "liderar" e líder". A palavra líder possui origem celta e tem como significado "o que vai na frente".

Observe que estudando a raiz das palavras desenvolvimento e liderança, podemos concluir que desenvolver a liderança refere-se a permitir que talentos, potencialidades, valores, crenças, conhecimentos e experiências, sigam a frente como um guia.

Dessa forma, desenvolver minha liderança implica:

- Autoconhecimento: identificar quais características facilitadoras e dificultadoras me definem como pessoa, que competências são minhas forças e quais preciso aprimorar, em que acredito (crenças) e o que é importante para mim (valores), que dons, talentos, aptidões fluem de mim;

- Como guio a minha vida, que escolhas faço, como lido com minhas emoções nos relacionamentos que estabeleço, que história conto sobre minha jornada de vida, quais percepções tenho do mundo e quais os significados inerentes a elas. S

Desenvolver minha liderança significa ser o protagonista de minha história e não o coadjuvante. Para tanto, é necessário o investimento em meu autodescobrimento.

Você sabia que temos consciência apenas de 5% da razão das "ocorrências" em nossas vidas e que 95% se relacionam à nossa parte inconsciente? Sim, o nosso inconsciente é responsável pelas nossas escolhas e decisões. É ele quem nos comanda.

Então, qual a saída para que esse percentual mude? Os neurocientistas que estudam o comportamento humano e o funcionamento de nosso cérebro – caixa preta até a década de 1990 – nos informam e ensinam, além de conhecimentos preciosos, formas práticas para termos um cérebro saudável e, consequentemente, uma vida mais produtiva. Podemos questionar, como alterar o percentual entre nossa consciência e inconsciência?

Os neurocientistas descobriram que a ação para manter nossos cérebros sempre jovens é o aprendizado. Por quê? Porque o aprendizado gera novas conexões em nossos neurônios. Desta forma, o aprendizado contínuo precisa ser um objetivo de desenvolvimento para cada um de nós. Desde a aquisição de novos conhecimentos e habilidades sobre assuntos gerais, transformando-os em aprendizados, até sobre nós mesmos – o autoconhecimento. Nos autoconhecermos é de extrema importância para termos clareza sobre em que acreditamos, o que valorizamos, porque influenciam nas escolhas que fazemos na vida. Tais escolhas podem ser alavancadoras em nosso processo existencial ou podem ser limitantes e inibidoras, atrapalhando os relacionamentos consigo mesmo, na vida pessoal e profissional.

O autoconhecimento proporciona mais consciência sobre nossa história de vida, nossas percepções, nossos significados, nossas forças, nossos pontos a melhorar, nossa missão e nosso propósito, nossos sabotadores e a posição que ocupamos na família, no trabalho e nas demais relações que tecemos.

Minha história: o desenvolver de minha liderança

Aos 24 anos, me formei em Psicologia e escolhi trabalhar na área de treinamento & desenvolvimento de uma grande empresa. Escolha? Não, apenas oportunidade. Eu estagiei no último ano de faculdade nessa empresa e houve a oportunidade de elaborar e treinar alguns profissionais, a fim de que tivessem um desempenho eficaz ao trabalhar em grupo. O programa foi um sucesso, alcançou os objetivos esperados!

Daí, juntou-se o útil ao agradável: me formei em dezembro de 1974 e, em março de 1975, já estava empregada. Pasmem! Passei de um salário de 700 cruzeiros como estagiária para ganhar 5.481 cruzeiros como psicóloga. Fiquei rica!

Os desafios foram os mais variados possíveis: elaborei e ministrei programas de relacionamento interpessoal para todos os profissionais que não ocupavam função de gestão, programas para todos aqueles que se tornariam instrutores, palestrantes, coordenadores de reunião e programas de iniciação profissional abordando posturas, comportamentos e funcionamento de uma empresa.

Alguns amigos me perguntavam: "por que não atuar em psicologia clínica?". A minha resposta era sempre a mesma: sou muito jovem e com pouca experiência de vida para ajudar pessoas em suas questões emocionais e comportamentais. Na época, sentia-me "cega" sobre minhas dores emocionais, meus comportamentos facilitadores e dificultadores na relação com as pessoas e, ainda, sentia-me insegura, sem identificar a minha missão de vida e o meu propósito. Eu acreditava que tinha escolhido Psicologia para entender os conflitos entre as pessoas e como poderia ajudá-las.

Aos 25 anos iniciei meu processo com arteterapia, que, embora fosse em grupo, o atendimento era individualizado. Confesso que levei dois anos para montar o quebra-cabeça de minha vida. Entendi quem era minha mãe, meu pai, coloquei para fora a criança ferida que habitava em mim, percebi a dinâmica de minha relação com as pessoas, apresentando comportamento de vítima. Tinha muita dificuldade em dizer não, assumindo sobrecargas desnecessárias só para ser amada, querida e considerada. A partir daí, coloquei como valor pessoal o aprendizado contínuo, ser movida a aprendizagens de natureza intrapessoal, interpessoal e nos relacionamentos pessoais e profissionais.

Ao longo da vida, participei de outras metodologias de terapia, frequentei cursos para cuidar de pessoas nos quais exercitávamos, em atendimentos mútuos, as técnicas e as ferramentas propostas. Desta forma, eu também era trabalhada como "ser humano".

E, assim, hoje me encontro com 72 anos e no firme propósito de estar sempre me desenvolvendo, me descobrindo. A segurança, a autoestima e a autoconfiança já estão mais consolidadas em razão de não ter me desviado do meu principal valor, que é a aprendizagem constante e a postura de aprendiz, seja emocionalmente, seja racionalmente. Estou em constante renovação de mim mesma: aos 50, 60 e 70 anos. E, com muita alegria, sendo inspiração pela minha vitalidade e disposição para a vida.

Qual é a contribuição de estudiosos do comportamento sobre liderança?

A descoberta mais fantástica, para mim, é a de que nossas emoções são automáticas, sem podermos controlá-las, durando somente 90 segundos diante da vivência de situações, de contextos e com pessoas. E a de que, após isso, com a identificação da emoção sentida e nos perguntando como vamos lidar com ela, temos a criação de um sentimento.

A pergunta que não quer calar é: por que nós, seres humanos, carregamos emoções como raiva, tristeza e medo, principalmente, por longos anos, se ela só dura 90 segundos? Quantas mágoas, sofrimentos e doenças atraímos com essa perpetuação de algumas emoções de caráter mais dolorido. Eu acredito que, por um lado, somos desconhecedores dessa dinâmica, e, por outro, ganhamos atenção e carinho com comportamentos de vítima, de "coitadinhos". Mas como é libertador identificar com o investimento no autoconhecimento as armadilhas que criamos na nossa forma de sentir, pensar e agir. E como é bom saber que experimentar, praticar comportamentos diferentes, exercitar a empatia, a assertividade, compreender as outras pessoas, dar limites e buscar o que nos faz bem abre possibilidades para a tão buscada felicidade que tanto almejamos viver!

Então, se liderança significa a competência para se relacionar e influenciar, veja que saudável se tornam nossos relacionamentos, a começar, pela relação com nós mesmos.

Tony Robbins em seu livro Desperte o seu gigante interior, nos ajuda com algumas orientações:

- Decida com clareza o que deseja e precisa ser modificado. Tenha um compromisso com esta decisão;

- Cultive hábitos bons, geradores de prazer;

- Invista na descoberta de suas crenças e de seus valores e verifique quais deles necessita ressignificar. A mudança de comportamento acontece quando adquirimos novos conhecimentos e reavaliamos em que acreditamos e o que se tornou importante para nós e, se necessário o modificamos;

- Adote pensamentos e sentimentos positivos para que sua linguagem seja, também, positiva;

- Crie o hábito de fazer perguntas: o que pode melhorar? Quais os pontos de aprendizado nas situações vividas?

- Identifique o que é de fundamental importância para você e encontre foco na vida, nas metas, nos objetivos alinhado com ela;

- Normatize sua vida com princípios e regras que deem fluidez, leveza e alegria à sua vida;

- Entenda suas emoções e procure exercitar a sua inteligência emocional, favorecendo o alcance de seus objetivos; e

- Ao conhecer a si mesmo cada vez mais, o impacto positivo é maior em suas relações sociais.

Para concluir, lhe convido a observar uma aplicação prática do conceito de liderança enquanto habilidade de estimular e inspirar pessoas de forma positiva, uma vez que na **liderança**, esse estímulo vem muito mais pelas atitudes práticas do líder propriamente dito do que pelas palavras que ele diz. Então, falemos sobre um dos maiores líderes da história: **Jesus Cristo**! Um sujeito que, aos fracos, mostrava o quanto eram fortes. Aos fortes, mostrava o quanto eram vulneráveis e fracos. Aos pobres, **Jesus** tinha a capacidade de mostrar a sua riqueza; aos ricos, conseguia fazê-los enxergar a inutilidade das suas fortunas.

> A verdadeira educação decorre da nossa autodescoberta!
>
> ELISABETE GOMES

Elizama Alves

Sou Elizama Alves, esposa do Silvenilson Alves, mãe do Carlos Eduardo e do Gustavo Hyllem.

Atuo como pedagoga, especialista em Neuroaprendizagem, *master coach* integral sistêmico, analista de perfil comportamental, treinadora e palestrante. Tenho 19 anos de experiência na área da educação. Além de escritora do caderno de exercícios *Palco das emoções*, sou criadora do método "Filhos são únicos".

Sou grata a Deus pela sua vida, você é uma pessoa única e especial, não deixe os desafios tirarem o brilho dos seus olhos e a bondade do seu coração. Você é uma pérola preciosa.

Saboreie cada capítulo que escrevemos pensando em você e no seu desenvolvimento pessoal.

euelizamaalves
(91) 99198-5004

A PSICOLOGIA DA GRATIDÃO

Elizama Alves

Numa tarde de segunda-feira, sentada ao jardim, sentia o vento soprar no meu rosto e via os primeiros pingos de chuva caindo no chão. Cheiro de terra molhada, as plantas dançavam de um lado para outro agradecidas pela água que nutria suas raízes. Me lembrei da minha infância, correndo na chuva, brincando com bolhas de sabão e fugindo para comer doce de leite na casa da vovó. Meu coração salta de alegria ao recordar esses momentos deliciosos.

Então, percebo que tenho muito a agradecer pelas lindas memórias que guardo com ternura. Geralmente, as pessoas usam o termo "obrigado" para agradecer os tantos presentes recebidos do Criador, mas as expressões obrigado e gratidão são diferentes. De acordo com suas origens, pode-se estabelecer uma diferença etimológica no uso dos dois termos. A origem da palavra obrigado remete a uma obrigação. Assim, ao usá-la, passaria a existir uma obrigação de retribuição por aquilo que foi recebido. A gratidão, ao contrário, é um reconhecimento de algo bom que aconteceu a uma pessoa. Portanto, é a experimentação de emoção por uma graça recebida.

Pessoas ingratas podem adoecer com mais facilidade, vivem cercadas de problemas, são pessimistas, hostis, acusadoras, infelizes, costumam se colocar no papel de vítimas, reclamam da vida e criticam tudo. Consequentemente, não conseguem progredir, principalmente nos relacionamentos e na vida financeira.

A gratidão está relacionada a um estilo de vida cada vez mais estudado pela psicologia positiva. Quando a nossa mente está constantemente procurando algo positivo, nos beneficiamos de emoções como felicidade, gratidão e otimismo. Ou seja, quanto mais buscamos as coisas positivas, mais nos sentiremos melhores. O psicólogo Robert Emmons passou grande parte de sua carreira estudando a gratidão e concluiu que ela é indispensável para o nosso bem-estar, além de favorecer o aumento da inteligência emocional, da inteligência e da tolerância. Com ela, as pessoas se tornam mais energizadas e menos propensas à depressão e à ansiedade.

Uma comunicação de gratidão é um verdadeiro antídoto emocional, capaz de mudar a vida das pessoas. De acordo a Psicologia Social, gratidão é uma emoção, disposição de ânimo, virtude moral e um traço de personalidade de sentir-se grato e reconhecer motivos para estar grato. Portanto, a gratidão pode ser comunicada em atos, palavras e ações.

Tenho dois filhos e a vida de ambos é um milagre. Sou cristã e acredito no poder de Deus tanto no vale da sombra da morte quanto no vale de paz. Meu primeiro filho, o Kadu, nasceu aparentemente bem, mas com 10 dias de vida eu e meu esposo começamos uma batalha pela sua vida. Os médicos não conseguiam diagnosticar o problema do bebê e, enquanto isso, Kadu ia lentamente perdendo peso, forças e quase morrendo. Solicitei sua transferência, mas a equipe do hospital em que ele estava não fazia o encaminhamento, sendo necessário buscar ajuda da assistência social. A diretora do hospital um dia se aproximou e disse: "Quem é a mãe que está fazendo tempestade em um copo d´água?". E eu respondi: "Diretora, não é um copo d'água, é a vida do meu único filho." Conseguimos o encaminhamento, mas não tinha leito neonatal para o nosso bebê em outro hospital.

Passamos o sábado em oração, e uma luz surgiu às 18 horas. Um homem, que até hoje não conheço pessoalmente, conseguiu um leito em um hospital particular e pagou todas as nossas despesas. Imediatamente, saímos de ambulância e, chegando no novo hospital, fomos recebidos por uma equipe médica que rapidamente iniciou o processo para salvar a vida do meu filho. Logo ele foi diagnosticado com uma obstrução quase completa do canal pilórico (que faz a ligação do estômago com o intestino), em decorrência de hipertrofia da musculatura circular do piloro.

Kadu necessitava de uma cirurgia para permitir que os alimentos passassem do estômago para o intestino. Dois dias depois a cirurgia foi realizada e, para confirmar que tudo tinha corrido bem, o bebê deveria defecar naturalmente. Recordo que nunca tinha ficado tão feliz em ver cocô na fralda do meu filho, era a confirmação de que a operação tinha sido um sucesso. Foi então que eu e meu esposo, além de agradecermos muito a Deus naquele momento, decidimos fazer um pacto de gratidão.

No dia 20 de maio de 2013, Kadu completou seu primeiro ano de vida. Durante duas horas, celebramos a gratidão pela sua existência. Para o pacto de gratidão, compramos um cofre chamado cofre da gratidão; durante os primeiros anos de vida do Kadu, demos dinheiro para ele colocar no cofre. No seu aniversário, celebramos um culto de gratidão e ele entregou a oferta que juntou durante o ano. Hoje, nosso filho tem 10 anos, recebe uma mesada e separa todo mês um valor para depositar no cofre da gratidão.

Quando descobri que estava grávida do nosso segundo filho, pedi a Deus que ele nascesse bem e afirmei que faríamos para ele o mesmo pacto de gratidão que já realizávamos pela vida do Kadu. Nosso filho Guto nasceu perfeito e, desde então, anualmente, no mês de janeiro e maio, realizamos a celebração do pacto de gratidão pela vida dos nossos filhos Carlos Eduardo e Gustavo Hyllem.

Minha família é um presente de Deus e o pacto de gratidão tem sido uma benção na nossa casa. Poderíamos ter mantido o pacto apenas pela vida do nosso primeiro filho – afinal, a história dele foi desafiadora. Porém, ser grato é um estilo de vida que devemos cultivar e nutrir em todas as ocasiões, seja passando pelos vales sombrios, seja durante os momentos de bonança.

A gratidão ativa as vias cerebrais para a liberação de um hormônio chamado ocitocina, que estimula o afeto, a tranquilidade, reduz a ansiedade, o medo e a fobia. Você deseja que na sua casa haja mais momentos de harmonia e tranquilidade? Que os membros da sua família sejam mais afetuosos? Quanto você verdadeiramente deseja mudar esse cenário negativo? A chave para essa mudança é a gratidão. Agradeça mesmo antes de receber e sinta o poder na gratidão renovando sua vida e o seu lar.

Perceba que o ato de agradecer tem o poder de transformar vidas. A gratidão é tão importante que, desde 1965, no dia 21 de setembro, é comemorado o dia mundial da gratidão. Pessoas costumam se reunir nessa data no Havaí, motivadas a praticarem rituais de agradecimento. Cultive gratidão e você será surpreendido com os resultados que virão.

"A ingratidão é tão natural quanto o mato. A gratidão é como uma rosa: precisa ser alimentada, regada, cultivada, amada e protegida."

Dale Carnegie

Eu vou lhes contar uma história inspiradora. Um dia, assistimos pela TV a história de um menino de 2 anos que tinha nascido com o mesmo problema de saúde que o nosso filho, e seus pais, até aquele momento, não tinham conseguido fazer a cirurgia. A mãe, então, triturava os alimentos, que ficavam com um aspecto pastoso, e os colocava em uma sonda, que ia direto para o intestino da criança. Em um momento, foi perguntado qual era o maior desejo do menino, e ele respondeu: "sentir o sabor de um pedaço de bolo". Consigo imaginar o êxtase daquela criança comendo seu primeiro pedaço de bolo. Consigo imaginar, também, o sentimento de gratidão dos pais ao vê-lo se deliciando. Imagine agradecer a Deus por comer uma pipoca, um picolé, um docinho ou uma fatia de bolo? Todos os dias, temos diante de nós um mundo mágico repleto de cores, belezas, sabores, cheiros, mas estamos cegos demais para ver tudo isso, saciados demais para desfrutar cada magia. Se você quiser, de fato, uma vida abundante, comece a focar nas bençãos, e não nos problemas.

Afirmo que a gratidão não é apenas uma forma de pensar positivo, mas um reconhecimento profundo e contínuo de que a bondade existe, mesmo nos piores momentos da vida. Só precisamos mudar a nossa forma de olhar cada situação.

Ben Stein, em seu discurso de colação de grau no *Ithaca College*, disse aos formandos: "Todos somos herdeiros de uma sociedade de liberdade e abundância que a maioria de nós não fez absolutamente nada para merecer. Ela simplesmente caiu no nosso colo". Essa percepção é o solo que permite que a gratidão germine. Quando peço aos meus mentoreados para escreverem uma lista de gratidões e uma lista dos problemas, qual você acha que eles escrevem primeiro? É fácil falar sobre problemas, porque o ser humano nasce com um viés negativo, uma pré-disposição para sempre enxergar o lado ruim da vida. Por isso, a gratidão precisa ser cultivada, regada, alimentada, amada.

Cultivar a gratidão é se concentrar nas coisas boas que nos acontecem e poder dizer a nós mesmos: eu sou tão abençoado! A vida é tão boa! Deus sempre cuidou de mim! Eu sou grato pelos meus olhos que me possibilitam ler este livro! Acreditem, nós somos aquilo que pensamos o dia inteiro. Como diz Paulo Vieira: "onde você foca, expande". Onde você colocará seu foco? O que você decidirá cultivar a partir de agora: as rosas da gratidão ou as ervas daninhas da ingratidão?

No pôr do sol de sexta-feira, também temos um ritual de gratidão. Cada membro da família agradece pelas coisas boas que aconteceram durante a semana. Se, por acaso, uma pessoa machucou a outra, precisa pedir e liberar o perdão.

Agora, quero convidar vocês a escreverem a sua lista de gratidão. Peguem papel e caneta e deixem a gratidão jorrar da fonte do seu coração. Em seguida, escolham cinco pessoas a quem gostariam de agradecer, escrevam o nome delas nas linhas abaixo e lhes façam uma surpresa. Redijam um bilhete de gratidão, acrescente a ele um mimo e deixe esse presente em um lugar estratégico, onde vocês saibam que será encontrado. Pode ser na mesa do trabalho, dentro do carro, em cima da cama, dentro da bolsa etc. Usem sua criatividade e, depois, me enviem uma mensagem contando como foi a experiência.

Meu cartão virtual

> Cultive gratidão, você será surpreendido com os resultados que virão.
>
> Elizama Alves

Elizete Araujo

Sou Elizete Araujo, uma mulher em evolução. Filha amada de Deus, mãe de Victor, Rafael e Cícero, vovó de Eloísa e Isadora, especialista em neurociências e comportamento.

Sou palestrante, missionária cristã, *coach*, militar (major/BM), graduada em Letras, *founder* do *My Evolution*: projeto de inteligência emocional com uma proposta de "destrave", o qual tem impactado e transformado centenas de mulheres com a mensagem "O que te desafia te faz evoluir". Nesse trabalho, a partir de pesquisas de neurociência e de experiências de vida, tenho encontrado respostas de Deus para uma geração de mulheres paralisadas e com sonhos adormecidos.

lizetaraujo

Elizete Araujo

lizetaraujo@yahoo.com.br

PLANO DE AÇÃO EXECUTÁVEL

POR ELIZETE ARAUJO

"Pois qual de vós, querendo edificar uma torre, não se senta primeiro a calcular as despesas, para ver se tem com que a acabar?" (Lucas 14:28).

Queridos leitores, quantos dos seus sonhos não foram realizados por falta de planejamento? O desejo de realizá-los era ardente, de uma motivação gigantesca, aguerrido de todos esses sentimentos que corroboravam para que os resultados fossem positivos. Você correu para conquistá-los e, algumas vezes, diante dos desafios, parou no caminho, e, outras vezes, até chegou ao resultado e não foi acometido de um sentimento de vitória, pois tamanha era a fadiga ao final do processo.

Assim, eu convido vocês a conhecerem uma proposta que trará clareza e, através das suas etapas e de um método eficaz, poderão experimentar, de forma prazerosa, todo o processo para a conquista dos seus sonhos. Um plano de ação executável e bem elaborado vai lhe trazer confiança como requisito essencial para vencer suas limitações e realizar os seus sonhos.

Costumo dizer: sem plano de ação, experimentamos um senso de desorientação. Quando você confia naquilo que faz, você age com excelência e nenhum obstáculo vai impedi-lo de alcançar seu objetivo.

Preciso compartilhar com vocês que, no momento em que recebi o convite para desenvolver este capítulo com o tema "Plano de Ação Executável", passou um filme na minha mente: o filme da minha vida. Os gatilhos da memória iniciaram um trabalho em que eu podia ver claramente as etapas, os ciclos e as vitórias. Naquele momento, as cores e as expressões faciais dos personagens eram nítidas – pude até sentir o perfume que representava cada momento, cada fase. Trouxe-me à memória o processo vivenciado na minha carreira militar, que iniciei pelo ciclo da graduação de soldado, até chegar ao posto de major, em que o plano de ação executável foi muito importante. Esse plano foi fundamental para que eu alcançasse os resultados desejados, tendo percorrido o processo com a consciência de onde eu estava e até onde eu queria chegar, formatando um executável plano de ação para a conquista de um sonho que, para muitos, era impossível.

Uma ideia central

Ideia central, fator importante que dá proporção ao plano de ação: você coloca o valor real de um desejo internalizado, que trouxe uma fundamentação. Sobretudo, muitas vezes me questionava sobre a realização desse sonho, como iria contribuir para a minha vida, para a minha família e para a vida de outras pessoas. Os questionamentos contribuíram para que o plano já internalizado passasse a ganhar vida – houve uma ação química e física (suspiros e batimentos cardíacos acelerados). Meu corpo passou a corresponder à ideia ativada. Qual é o seu sonho? Ele precisa estar na ideia central. A minha era a de progredir na minha carreira para trazer qualidade de vida para a minha família.

Relacionar metas mensuráveis

As metas nos auxiliam a ter clareza sobre para onde estamos indo, como poderemos chegar lá e o que faremos ao chegar. Elas são mensuráveis, quando temos a possibilidade de acompanhar o seu progresso e identificar quando foi alcançada. Sobretudo, quando mensuramos trazer uma realidade que é possível ou não de ser alcançada.

Organizar mentalmente a sua realidade dentro do plano traz uma condição favorável para a realização do seu sonho, embora estejamos emocionalmente cheios de desejo de avançar, são os planos devidamente calculados que nos permitem alcançar os resultados.

Saber aonde quer chegar

Um piloto de avião, para decolar, necessita de um plano de voo, e nele há o ponto de partida, a rota e ponto de chegada. Não se consegue chegar ao destino desejado se não se sabe com muita clareza onde se está e aonde se quer chegar. A rota é exatamente o caminho que você vai precisar percorrer.

Em alguns planos de ação, durante a minha vida, o caminho não existia, eu o construí. O pioneirismo se tornou uma marca forte nas minhas experiências, como por exemplo quando ingressei na primeira turma de soldados femininos da Polícia Militar da Paraíba e, em 1997, fui a primeira mulher da cavalaria que se fundava na Polícia desse mesmo Estado. Enfrentei várias limitações e uma delas foi adestrar um cavalo que batizei com o nome de Arisco. Ele era enorme e eu tenho uma estatura pequena; entre uns e outros coices, tivemos resultados surpreendentes. Muitas vezes, o sentimento de medo de não enxergar o caminho te paralisa. Eu tive medo, mas fui com medo mesmo. Se o caminho não existe, então seja você o construtor desse caminho.

Como está indo

A importância de definir a cadência que vai seguir. Ritmo tem a ver com cadência. Se o respeitamos e se ele está de acordo com a sua realidade e performance, o cansaço não vai bater à porta. O ritmo influencia no seu desempenho. Se você já tem seu ritmo pré-definido e no caminho desacelera, certamente em um determinado momento precisará acelerar para cumprir metas e prazos. Assim, poderá demandar um fôlego extra que talvez nem tenha, e frustrar o processo.

Lembro bem, nos treinamentos físicos no curso de sargento, onde eu a única mulher da turma, em meio a 33 homens. Corríamos de 10 a 15 quilômetros em uma única cadência, entoando canções, com o objetivo de sairmos juntos e chegarmos juntos. Alguns perdiam a cadência e ficavam para trás. Ritmo e cadência trazem consistência, gerando resultados.

Um fator que contribui também para que você não ande em vitória é a procrastinação; ela tira você do ritmo, é como se o objetivo estivesse perdendo valor na sua mente e no seu coração e a sua força diminui.

Como poderá chegar lá

Quanto melhor planejada a rota, mais curto será o caminho para a conquista. Não adianta querer conquistar algo se não sabe como poderá chegar lá. Muitas vezes, nesse processo você poderá envolver pessoas que irão contribuir com a sua jornada: portanto, se encha de humildade e solicite ajuda.

Como eu poderia chegar lá? Eu, uma mulher com três filhos, tendo passado por dois casamentos fracassados, administração do lar, trabalho, cheia de dores e feridas emocionais? A vitimização não fazia parte da minha vida.

Como você reage às crises e aos desafios irá determinar se você avançará ou não. Muitas vezes elas aparecem no caminho, elaborei e encarei um plano de ação executável, com crise e tudo. Entretanto, os incidentes são desafios que vêm para nos trazer experiências, nos forjar, fortalecer e nos tornar pessoas melhores.

Definir orçamentos é primordial para o plano. Crises financeiras me bateram à porta e precisei de novas fontes de renda para comprar livros e me inscrever nos cursos de preparação para os concursos que me levariam à progressão. Nasceu, então, ali, uma empreendedora; as crises são campos propícios de oportunidades para fazer nascer novas competências.

Estabelecer prazos

Em quanto tempo você deseja chegar em um determinado lugar?

Eu usava uma frase como diretriz: "Eu vou partir cedo". Essa frase significava que eu tinha que iniciar minhas atividades para chegar aonde eu desejava bem antes de a oportunidade chegar; definir horários, datas para cumprir minhas tarefas era fundamental. Lembrando que os prazos devem ser possíveis de serem alcançados, sendo fator importante para que seja executável.

Era comum um amigo, quando me via estudando ou realizando treinamentos físicos com atenção nos índices e conteúdos de editais anteriores, perguntar por que eu estava me sacrificando se os editais dos concursos nem haviam saído ainda? Partir cedo era uma ação poderosa de uma chave que me levou ao sucesso, pois vivendo uma agenda apertada de prioridades básicas como cuidar dos meus filhos, administrar o lar e trabalhar, eu conseguia cumprir todo o cronograma. Algumas vezes, tive uma margem de tempo para resolver, com pequenos ajustes, problemas que surgiam no caminho: desde um filho que ficava doente até outras situações que apareciam e que me levaram à seguinte afirmação: o que faz a diferença entre uma pessoa de sucesso e outra que não tem sucesso é a reação de cada uma delas diante dos problemas.

Elaborar uma apresentação visual para o plano de ação

Quem nunca imaginou a casa dos sonhos? Para que construamos uma casa, precisamos de um projeto calculável para uma estrutura forte, senão "a casa cai". Quando eu fiz o primeiro esboço do desenho da minha casa, para em seguida tornar-se um projeto, as primeiras emoções eram tão reais que eu me via dentro da casa com meus filhos circulando pelos cômodos. Elaborar um mapa visual dos seus objetivos para o plano de ação vai provocar neurologicamente uma visão do futuro.

Por fim, com as experiências ao longo da minha vida, posso afirmar que alcançar os resultados desejados não significa trabalhar muito, mas trabalhar certo. Meus resultados também estavam diretamente ligados aos meus relacionamentos. Algumas pessoas tentam te paralisar e outras te impulsionam, escolha as pessoas certas que influenciarão na sua jornada. Com planejamento você pode criar a sua realidade merecedora. Também, celebre sua conquista, isso é muito importante para a virada de ciclo. Depois, novos desafios surgirão. Vivencie o processo e o ame pois quando for vitorioso terá fôlego para celebrar.

Hoje, consigo levar uma mensagem e destravar muitas vidas através de um projeto de evolução, o *My Evolution* que apresenta uma proposta de execução eficaz para conquistar resultados positivos e transformação de vida. Lembre: os planos que estão dentro do seu propósito já existem no coração de Deus, essa é a maior chave para o seu sucesso; os desafios virão, porém, "o que te desafia te faz evoluir".

> O que te desafia te faz evoluir.
>
> Elizete Araujo

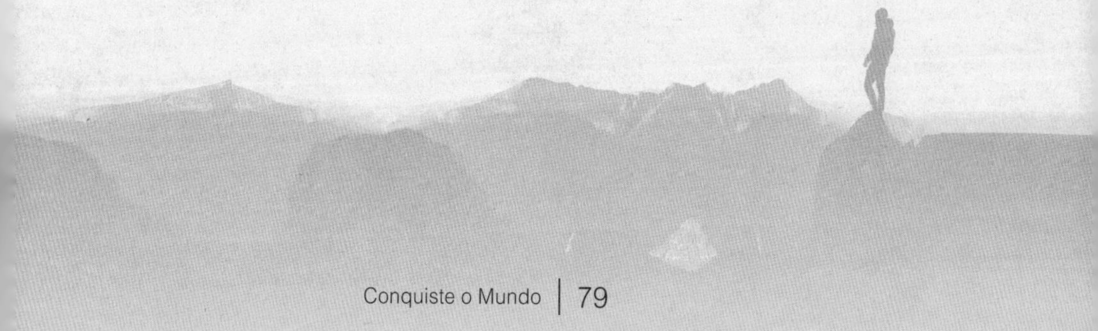

Elizeth Abreu

Além de filha de Deus, sou mineira "da gema", nascida em Belo Horizonte. Porém, desde os 3 meses de idade, resido em Uberlândia, no Estado de Minas Gerais.

Há mais de 20 anos conheci a terapia ortomolecular/oligoterapia, pela qual me apaixonei ao fazer o curso de especialização na Universidade Anhembi Morumbi, em São Paulo. Além de terapeuta, atuo como *Life coach* sistêmica, *practitioner* em PNL e analista de perfil comportamental, aplicando em meu consultório a terapia integrativa. Essa terapia reúne aprendizados em busca de um equilíbrio funcional e emocional, em todos os pilares da vida.

Sou, também, palestrante e autora do livro *O dia em que fui águia*.

elizethmabreu

elizethabreu@hotmail.com

ENTENDA QUEM VOCÊ É ATRAVÉS DO AUTOCONHECIMENTO

Por Elizeth Abreu

Vivemos em um tempo no qual as pessoas estão em busca, diariamente, da tão sonhada **felicidade**... que considero bastante saudável essa procura por "estar bem". A questão que considero impactante é que, mesmo que a maioria da população tenha esse crescente foco no bem-estar, a realização desse desejo é bem duvidosa. Identificamos uma desproporcionalidade ao compararmos essa busca com o aumento crescente das enfermidades, tanto físicas quanto emocionais. Percebemos, assim, uma estatística assustadora por meio desse quadro incoerente, ao levarmos em conta que a busca pela qualidade de vida e o aumento das doenças crescem quase na mesma proporção (o adoecimento da população, infelizmente, parece crescer em proporção ainda maior).

Assim, só vejo uma resposta viável para esse cenário: que essa busca diária tão frenética pela felicidade esteja ocorrendo de forma incorreta, nos lugares incertos e pela motivação inadequada. Busca-se a autorrealização e o "estar bem", fora de si mesmo.

Quem sou eu?

Penso que essa é a pergunta primordial a ser feita ao buscarmos a felicidade. "Quem sou eu" é uma questão existencial do ser humano. Infelizmente, a maioria de nós não se questiona a respeito da sua real identidade. Passamos uma vida inteira buscando ser o que nos impuseram (figuras paternais) ou o que nos convém para sobrevivermos, ou a fim de alcançarmos um objetivo sonhado – podendo assumir as duas opções ou optarmos por uma delas. O que não aprendemos enquanto crescemos é que cada um de nós tem uma essência única e exclusiva. Temos um propósito que dá sentido à nossa existência, porém quase tudo ao nosso redor nos convida a deixarmos de ser nós mesmos para sermos o que melhor se adapta ao contexto do ambiente em que vivemos.

Poderíamos viver de acordo com as expectativas do nosso entorno e nos sentirmos muito bem e realizados. Porém, quando essas expectativas não se coadunam com o nosso propósito, abre-se dentro de nós um espaço vazio, que não para de crescer ao longo da nossa existência. E é muito triste perceber o quanto alimentamos, consciente ou inconscientemente, a ilusão de que poderemos preencher esse espaço vazio com experiências, ações e/ou aquisições fora de nós mesmos.

Como cristã, acredito que a nossa comunhão com Deus nos conduz a alcançarmos esse entendimento do nosso propósito; porém, para essa conquista, é necessário, muito antes, sabermos identificar as razões pelas quais nos violentamos na busca pelo preenchimento desse espaço vazio. Nos violentamos quando procuramos preencher esse vazio com vícios, com escolhas inadequadas, com atitudes agressivas ou subservientes, com aquisições de bens materiais muito além do necessário, com desfrutes/alegrias passageiras e com as somatizações que tanto escravizam nossos corpos e mentes. Tudo isso nos leva a viver uma vida rasa e sem qualidade... a morte em vida... resultando numa insatisfação imensurável que nos remete à tristeza, à depressão e à ansiedade, num suicídio lento sob a máscara da vitimização.

Sabermos que o nosso Criador nos criou com um propósito específico, nos dando dons e talentos muitas vezes negligenciados e desqualificados por nós mesmos, é fundamental para darmos o primeiro passo rumo à identificação e ao reconhecimento desse propósito. Nada é simples, mas tudo é possível! Essa identificação exige de nós um olhar para dentro do nosso "eu", com sinceridade e muita coragem. Exige que desejemos de todo o coração viver uma vida plena e abundante, como nos foi prometido por Jesus Cristo. Precisamos nos despir dos nossos "achismos", da nossa arrogância, do nosso orgulho e da nossa prepotência.

Só existe um caminho que nos conduz ao entendimento de quem verdadeiramente somos: o **autoconhecimento**.

O primeiro passo para o autoconhecimento é o **pensar**. Não se trata de pensar em algo, num fato, numa questão de prova, na solução de um problema, numa tarefa a ser cumprida, num evento, em alguém ou na rotina diária, simplesmente. É mais que isso: é o **refletir** sobre as motivações, sobre o como faço ou deixo de fazer, como ajo ou reajo diante de diferentes situações e sobre os porquês dos resultados que alcançamos nas nossas escolhas diárias. Geralmente, cobramos muito de outros e assim, de nós mesmos também, gerando julgamentos e culpas que acabam nos trazendo dores e muito sofrimento. Enfim... a **conscientização**: o entendimento da necessidade de nos conhecer, identificar nossas marcas internas, nossos traumas, nossos medos, nossas inseguranças, nossas dúvidas, nossos sentimentos e paixões.

O que move nossas escolhas?

Existe um texto bíblico, escrito por Paulo em uma de suas cartas aos romanos, que diz: "Assim eu sei que o que acontece comigo é isto: quando quero fazer o que é bom, só consigo fazer o que é mau. Dentro de mim eu sei que gosto da lei de Deus. Mas vejo uma lei diferente agindo naquilo que faço, uma lei que luta contra aquela que a minha mente aprova. Ela me torna prisioneiro da lei do pecado que age no meu corpo" (Romanos 7:21-23 NTLH).

Esse trecho da carta de Paulo revela um momento de reflexão e conscientização que ele compartilha com os irmãos cristãos, em Roma. Existe, nesse momento, uma revelação do que Paulo observa sobre seus próprios atos e a tristeza de não conseguir se dominar. Ele fala também sobre a sua essência, que discorda e cobra o cumprimento da lei de Deus, que ele tanto ama e a quem procura ser fiel.

Neste texto, me refiro a esse momento que existe em cada um de nós. Paulo declara que sabe o que acontece com ele, não gosta do que percebe, porém não tem controle e domínio suficientes para superar e transformar algo que o entristece e o escraviza. Sim, porque trata-se de uma escravidão interna, uma falta de liberdade para ser gestor dos seus próprios atos, em diversas situações.

Paulo não tem controle e domínio porque as suas ações não são dirigidas pela sua razão consciente, mas pelo seu inconsciente, que é guiado por registros fixados como verdades em seu cérebro que fogem de seu controle e domínio. Isso é exatamente o que acontece conosco. Somos guiados pelo nosso inconsciente, mesmo quando identificamos nossas falhas e desejamos mudança. Portanto, não nos basta perceber e identificar tais falhas: precisamos do autoconhecimento. Precisamos nos dispor a olhar para dentro de nós com humildade e desejo de sermos melhores. É preciso coragem e disposição para crescer, nos realizar e, principalmente, descobrir e cumprir o propósito para o qual fomos criados, a fim de desfrutarmos a vida abundante disponibilizada a nós por Jesus, o Cristo.

O autoconhecimento nos leva a identificar as causas que nos impulsionam a agir contrariamente à nossa vontade.

E como seria esse processo do autoconhecimento?

Não seria simples e nem imediato, podendo ser mais rápido do que esperamos e não tão complicado quanto tememos. Hoje, temos o privilégio de contar com ferramentas extraordinárias, que nos ajudam a identificar as causas e os danos que sofremos e que geraram os registros que nos dominam. Com essas ferramentas não só identificamos, mas também podemos criar, conscientemente, novos registros que se sobrepõem aos anteriores. Esse processo gera uma nova condução para nossas ações – agora, direcionadas pela nossa essência, sem a influência maléfica das anteriores. Chamamos esse tempo de transformação de **processo**. Um processo com várias fases que nos levam a sair do estado indesejado em que nos encontramos no momento, para o estado mental que almejamos e que nos proporcionará uma vida nova, restaurada e transformada dentro da nossa individualidade, que é exclusiva e única.

O autoconhecimento é a porta de entrada para atingirmos o nosso equilíbrio emocional, gerando nosso autocontrole, nossa serenidade, nossa paz interior e a alegria de viver e de conviver, bem como a liberação do nosso perdão para os outros – como também para nós mesmos. Consequentemente, eliminamos nossas mágoas e culpas, trocando-as pelo fardo leve e confortável, que, mesmo em situações adversas, mantém a tranquilidade e a serenidade. Com isso, podemos usufruir da sabedoria que nos orienta nas melhores escolhas e atitudes.

Nessa mesma carta aos cristãos de Roma, Paulo exorta e sugere uma atitude de mudança, seguida de uma promessa maravilhosa: "Não se amoldem ao padrão deste mundo, mas transformem-se pela renovação da sua mente, para que sejam capazes de experimentar a boa, agradável e perfeita vontade de Deus" (Romanos 12:2 NVI).

Nessa exortação de Paulo, vejo que a busca do **QUEM EU SOU** é básica para desfrutarmos da promessa da "vontade boa, agradável e perfeita de Deus". Quando ele diz "não se amoldem ao padrão deste mundo", está nos dizendo para pensarmos, analisarmos nossas atitudes que nos igualam ao padrão deste mundo, dominado pelo mal. Ou seja: será que não estaríamos fazendo o que não gostaríamos de fazer? Sentindo o que não gostaríamos de sentir? Carregando um peso desnecessário?

Estaremos sendo falsos? Quais são os nossos fingimentos? Os desvios de caráter socialmente aceitos neste mundo, mas que nos fazem pagar um preço alto durante as consequências?

"Transformem-se pela renovação da sua mente"... Ou seja, busquemos o autoconhecimento para a identificação dos nossos registros negativos e limitantes, renovando-os ou reprogramando-os para que haja transformação necessária, a fim de experimentarmos a boa, perfeita e agradável vontade de Deus para as nossas vidas, que nos leva a entender o propósito para o qual fomos criados e a nossa verdadeira identidade, o nosso "eu" real, para vivermos em verdade, com autenticidade, liberdade, coerência e paz.

O **autoconhecimento** realmente nos leva a entender **quem somos nós**! E, a partir daí, a busca pela **felicidade** não será mais necessária.

> Entendendo quem eu sou, tenho uma nova chance de ser melhor a cada dia. Não melhor que os outros, mas, sim, melhor que eu mesma.
>
> Elizeth Abreu

Elizeth Barbosa de Araújo

Sou Elizeth Barbosa de Araújo, tenho 55 anos e nasci em Araguaína/GO. Fui casada por 18 anos e estou divorciada há quatro.

Sou mãe de Wesley e Alicia Cristine. Aos quase 17 anos, fui mãe e aos 19 eu já tinha minha casa própria e uma bicicleta branca, frutos do meu trabalho. Estou líder/revendedora da equipe Brilhos pela *Tupperware*, há 14 anos. Nesse cargo, conquistei viagens nacionais e internacionais, carros, motos e muitas outras premiações.

Possuo as seguintes formações profissionais: sou técnica em Enfermagem, em Contabilidade e em Informática e cursei Magistério para séries iniciais. Além disso, participei de dezenas de cursos de vendas, gestão e desenvolvimento pessoal.

elizethbaraujo
(69) 99925-2295
eusouelizethbaraujo@gmail.com
Elizeth Barbosa de Araujo
Elizeth Barbosa de Araujo

MINDSET DE CRESCIMENTO (MENTALIDADE DE CRESCIMENTO)

POR ELIZETH BARBOSA DE ARAÚJO

Esse capítulo contém apenas uma pequena parte da minha história de vida, traz exemplos de vivências pessoais e dicas do que fiz - e que você pode também fazer - para desenvolver uma mentalidade de crescimento que me possibilitou alcançar os resultados que tenho hoje. Trago alguns exercícios para que você desenvolva o seu mindset e conquiste seus objetivos.

Quando meu filho nasceu, eu era só uma menina de 16 anos. Queria me casar com um homem que me respeitasse e que, acima de tudo, me amasse e me desejasse. Queria um homem que segurasse minha mão e que me levasse a todos os lugares. Queria que nos sentássemos à mesa e discutíssemos quanto queríamos ganhar e quanto precisaríamos para viver bem, guardar para viajar etc.

Pensava que seria uma excelente esposa e uma mãe invejável. Isso eu fui! Todos achavam que meu filho fosse filho de um médico que era nosso amigo, naquela época. Isso por ele ser de pele clara, loiro e lindo, claro. Meu filho andava vestido como poucos ricos na minha cidade, estudava em escola particular e, sempre que eu podia, presenteava-o com o melhor.

E isso levava as pessoas a fazerem comentários. Não sabendo elas que, naquela época, eu passava roupas de grife para donas de butiques; fazia companhia para bebês de amigas, para elas estudarem à noite e vendia umas cinco ou seis revistas. Costurava para muitas pessoas, homens e mulheres; fazia bolos de festas, etc. Isso tudo para que o meu salário fixo fosse usado na realização de sonhos, como construir minha casa, pagar o terreno e ter bons móveis. Todos se questionavam: "Como ela consegue? Deve ter amantes". Porém, nunca me importei com opiniões, eu sabia o que queria e aonde queria chegar.

Nunca parei de lutar para conquistar meus sonhos e sempre busquei nas poucas oportunidades, resultados. Sempre gostei de me sentar no banco da frente, sempre busquei conhecimento nas áreas em que eu atuava e atuo.

Ser empreendedora é algo que está no meu DNA. Nunca tive vergonha de vender nada e nem de trabalhar em qualquer área. Posso afirmar que essas experiências me fizeram ser quem sou. Mulher coragem, guerreira, como costumam me chamar.

Tarefa:

Enumere 12 coisas que você sabe fazer e que seu marido, filhos ou amigos já elogiaram. Mesmo que ninguém tenha elogiado algo em você, enumere algumas qualidades suas e diga em voz alta: "Eu faço bem tal coisa". Por exemplo: "Eu organizo um guarda-roupa como ninguém...".

Você acabou de enumerar 12 itens de coisas que sabe fazer muito bem. Então, chegou a hora de repensar seus conceitos e agradecer tudo o que o Senhor lhe deu, pois o que você sabe não veio de você, mas Dele. Ele mora dentro de você e a sabedoria vem Dele.

Pense comigo: se você sabe fazer, você sabe ensinar. Quantas vezes você ensinou para as pessoas o que você sabe e nada ganhou? Chegou a hora de virar a mesa e se posicionar para colocar grana no bolso e no banco, e começar a sonhar os sonhos que Deus tem para você.

Eu sempre me senti rica. Meu pai foi funcionário público e operador de máquinas pesadas no Incra. Porém veio de família simples, e devido às suas crenças, sempre que podia tentava me parar, me limitando a enxergar o chão que eu pisava.

Eu sempre vi que riqueza nunca foi dinheiro, mas *networking.* Gostava de estar com empresários, conhecer os gostos deles, de rodas de conversas. Sempre busquei me conectar com pessoas que estavam acima de mim, financeiramente, embora tenha sido, também, muito usada. Costumo dizer que tudo isso serviu de aprendizado. Eu nunca me importei, buscava ressignificar o que acontecia comigo: uns eu abandonava, outros eu mantinha por perto, para que, por meio deles, eu tivesse novas conexões.

Chorava muito! Caía e me levantava, mas o meu sorriso ninguém nunca conseguiu apagar. Com ele, eu fazia novas clientes.

O dinheiro é benção e quem um dia criou em você a crença limitante de que o dinheiro é o mal de todas as coisas, fez isso porque nunca soube aproveitar o melhor de Deus na vida. Primeiro, por não conhecer a verdade de Deus ou talvez por adotar pra si a "síndrome de Gabriela" (nasci assim, cresci assim e vou ser sempre assim...); ou ainda, por não querer mudar e nem permitir que aqueles que os rodeiam também vivam uma transformação sincera, agradável e lucrativa. Sim, lucrativa! Pois quem se lança a aprender jamais vai se deixar depender.

A riqueza não vem quando nos tornamos milionários, mas sim quando aprendemos a reconhecer o valor que temos e o propósito para o qual Deus nos criou. A riqueza nasce de dentro para fora: primeiro, eu acredito no que eu me proponho a ser, a viver e então passo a declarar.

Exemplo: quem me conhece na minha cidade, me conhece como "a amiga rica", pois é assim que carinhosamente eu as chamo. Ninguém nunca me vê declarando derrotas, pois amigos não reconhecemos na doença, na fome e nem nos vales que passamos. Mas sim nas grandes conquistas que declaramos e demonstramos em nossa vida.

Não fique contando seus problemas aos outros. Se você conta aos seus amigos que está em dívida ou qualquer dificuldade, fome ou enfermidades, você verá que alguns se afastarão de ti, com medo de que você peça ajuda; outros se irão se juntar para fazer vaquinha, bingos, rifas, vão montar cestas básicas...uns para ajudar mesmo; outros para que você tenha um débito com eles para toda a vida. Por isso, eu te incentivo a apenas contar suas alegrias, sucesso, ganhos e etc... Pois fazendo isso, você conseguirá selecionar quem verdadeiramente merece caminhar com você... Os verdadeiros amigos te aplaudem e te abraçam em suas conquistas, esses sim, tem prazer em comemorar com alegria...

Aprenda a ouvir o sussurrar de Deus no seu ouvido, seja obediente. Isaias 1:19

Se você tem contas vencidas, negocie, pois agora não serão contas atrasadas, mas sim novas. porém não faça outras até que liquide a negociação, sejam sábios e vigilantes... Ao invés de querer quitar tudo de uma vez buscando fazer empréstimos para perder noites de sono e não ver seu pagamento na mesa, para sentar-se com seu cônjuge e organizar em um livro de caixa todas as suas entradas e saídas fixa e variáveis, aquelas inesperadas. Provérbios 22:7

Busque ser para ter... seja grato sempre comemorando seus micros resultados para que tudo isso seja ensaio para as comemorações dos macros que o Senhor te entregará...Lembre-se você é rico!

Viver contando seus planos e projetos a pessoas que você julga ser seus amigos, não é uma escolha inteligente, pois enquanto você conta suas estratégias e sonhos eles correm primeiro e executa na sua frente, e você se for convidada(o) estará chorando e aplaudindo com um sorriso apático de frustração e surpreso pois a quem você nunca esperou roubou seu script seus sonhos e as aplicou. Está tudo bem, não se sinta a pior pessoa. você não é o primeiro e nem será a última a ter esse comportamento. Agora já sabe que em tudo Deus tem o seu propósito, então quando as oportunidades vierem até você receba e as aplique na sua vida.

Não coloque culpa em seus filhos lamentando que só não fazem isso ou aquilo por ter filhos. Saiba que eles são um instrumento que Deus te presenteou para te estimular a ser melhor como um todo.

Recado às mães: Sacrifiquem-se, porém em caso não ter uma excelente rede de apoio, não abra mão de serem constantes no cuidado com seus filhos. Há muitas formas de acrescentar a renda familiar a partir de casa, sem que deixemos nossos filhos em vulnerabilidades.

Você não pode me dizer que não faz isso por qualquer desculpa, você não faz porque não sabe aonde quer chegar de verdade. Se eu fosse enumerar o comportamento de minha filha Alicia Cristine, que tem atraso psicomotor e tem espectro autista severo, certamente você choraria e me perguntaria: "Como você consegue? E a resposta é: Porque eu a tenho... Deus me deu e eu preciso prestar conta de tudo que fiz e que não fiz... ela é Dele, eu apenas sou uma mordoma, uma serva escolhida a dedo para amar e zelar com muito esmero". Imagina se vou deixar andar suja porque ela não sabe tomar banho e fazer suas assepsias sozinha! Sem escovar os dentes, pentear cabelos; colocar suas roupas e amarrar o cadarço; levar a lugares que ela gosta de comer, sem importar com o valor.

Convites de festas depois que ela fez 5 anos? Nunca mais foi convidada! Nos chás de bebê, chás de panelas, chamam, mas nos aniversários e nas festas de casamento, sempre dão desculpas. A escola fala da inclusão, mas ela nem conhece os colegas da sala. Posso afirmar porque conheço muitos casos de mães que, sem apoio e sem a mesma metanoia que eu, se permitem viver dependentes de calmantes para não "pirarem". Rede de apoio eu, como muitas mãezinhas, também não tenho. Mas tenho um Deus que tudo pode e tudo vê, não me deixa cair em tentação e tem me livrado de todo mal. Quando digo tentação, me refiro a relacionamentos abusivos, para proteger meu tesouro, pois bem sei o que minha princesa já viveu e sei o que de fato ela merece.

Felicidade é decisão. Eu decidi ser feliz...

Concluo esse capítulo com essa tarefa:

Enumere seus sonhos, dê a eles data para serem realizados e trabalhe com sabedoria sem comentar com ninguém, apenas com o Senhor. Depois de anotá-los leia cada um em voz alta. E agradeça todos os dias, crendo já ter realizado. Envie essa lista para seu *e-mail* e lembre-se de dar uma passada todos os dias para agradecer e comemorar os micros até os macros resultados.

Mexa-se, mude-se sempre ou estará na plateia aplaudindo aos que não sonharam seus sonhos, porém souberam aproveitar a oportunidade de usar o que você não usou e as deu de graça.

Basta... chega de dizer que você não é capaz, que você não faz por falta de dinheiro ou porque tem filhos pequenos ou cuida de netos etc.

Mude sua rotina, valorize-se mais e aprenda a precificar o seu produto. Lembre-se: você é o seu produto de maior valor! Então valorize-se já. Você é protagonista de sua história, principalmente se essas histórias forem da sua própria vida... Delegue o que for necessário, porém existem coisas que são para você fazer. Então faça!

> Imagine-se contemplando o que quiser, pois se você já acreditou ser, ter será consequência.
>
> ELIZETH BARBOSA DE ARAÚJO

Gabriella Rozza

Me chamo Gabriella, mas desde pequena me chamam pelo meu apelido, Bibi. Nasci no interior de Santa Catarina, e, atualmente, moro em Curitiba com meu marido, Nicolas, e com nosso filho de quatro patas, Bud, o nosso amorzinho.

Sou advogada por formação, e também mentora e professora de *branding* de marca, por amor. Atuo em cada cantinho deste mundo, e tenho grande realização profissional em poder ajudar na construção de grandes marcas e nomes no mercado.

Sinta-se à vontade para acompanhar meu trabalho nas redes sociais. Será um prazer poder desenvolver o seu posicionamento enquanto marca pessoal.

bibirozza
(47) 99102-3101

ASSUMA SEU REAL POSICIONAMENTO

POR GABRIELLA ROZZA

Eu tenho certeza de que você, assim como eu, já escutou a máxima popular de que, ao longo das nossas vidas, devemos buscar o nosso melhor desempenho em nossa vida pessoal, espiritual e, principalmente, profissional. Passamos muito tempo buscando o tão sonhado reconhecimento e a ascensão profissional, de forma que nosso conhecimento e nossa dedicação sejam aclamados da maneira que sentimos merecer.

Não estamos errados: somente nós conhecemos verdadeiramente nossos esforços diários, nossas buscas incessantes por conhecimento, e o nosso desejo por reconhecimento. Cada um sabe, em seu íntimo, todos os obstáculos que já enfrentou, todas as abdicações que já teve que realizar ao longo da vida, e toda a dedicação aplicada para que o tão almejado sucesso profissional fosse alcançado.

Mas, eu também tenho a certeza de que você, assim como eu, já se questionou sobre como se destacar e se posicionar diante de um mercado de profissionais tão competitivo. Nos questionamentos como devemos expressar nossa autoridade, nosso conhecimento e nossa competência, de forma a assumirmos um posicionamento de relevância na mente da nossa audiência ideal, e não sermos somente um número. Eu, particularmente, confesso que por muito tempo enfrentei esse questionamento.

Vou compartilhar com você um pouco da minha história. Nasci no interior de Santa Catarina e decidi estudar Direito na cidade de Curitiba. Enfrentei longos cinco anos de curso para conseguir a tão almejada aprovação no exame da Ordem.

Assim que estive apta a exercer a advocacia, me deparei com um mercado de trabalho extremamente competitivo: mais de um milhão e duzentos advogados inscritos e atuantes no país, à época da minha aprovação, segundo dados da própria Ordem dos Advogados do Brasil. Imagine o meu desespero e a minha aflição sabendo que teria que ocupar meu espaço no mercado de trabalho, concorrendo com mais de um milhão de outros profissionais da mesma área.

A inquietude e o inconformismo me fizeram refletir sobre os meios e mecanismos com os quais grandes advogados no país alcançavam renome, autoridade e prestígio na sociedade. Comecei a analisar seus comportamentos, seus posicionamentos e as linguagens verbais e não verbais utilizadas. Questionei, por diversas vezes, como aquelas personalidades geravam conexões genuínas com os públicos deles e também conseguiam passar confiança e esperança; além de firmarem a visibilidade e a notoriedade dos seus nomes.

Não só isso: o momento me fez questionar como poderiam existir profissionais que percorriam exatamente o mesmo caminho, realizavam os mesmos cursos profissionalizantes, mas que desfrutavam de conquistas completamente distintas, e que possuíam influências na sociedade completamente diferentes. Posicionamentos opostos. Como isso era possível?

Quando comecei a atuar como advogada, eu sabia que existia algo por trás dos grandes nomes. Eu sentia que existia uma estratégia diferente, capaz de tornar aquele profissional a única opção possível e imaginável para seu cliente ideal.

Foi quando, pesquisando e buscando me destacar no mercado em que estava inserida, ouvi falar pela primeira vez sobre o conceito e o estudo de *branding* de marca. No primeiro contato com o tema, percebi que ali estava a resposta para o que eu tanto questionava.

Permita-me explicar, aos que, assim como eu à época, não estão familiarizados com o tema e com o tamanho da importância da implantação do *branding* de marca em um negócio.

Branding é, em poucas palavras, a gestão de uma marca. É um estudo estratégico de negócio, capaz de proporcionar a exata forma como a sua marca pessoal será lembrada; é assumir um posicionamento assertivo como autoridade no nicho de mercado em que atua. Em simples palavras, *branding* é a percepção que as pessoas possuem da sua marca e do seu negócio. Como diz Jeff Bezos, CEO da *Amazon,* a sua marca pessoal é o que as pessoas dizem sobre você, quando você não está na sala.

Trabalhar com a implantação de gestão de marca é construir um significado em cima do seu nome. Quando você constrói um nome forte, tudo o que você vier a vender seu público irá comprar, porque o seu nome se tornou garantia de uma entrega impecável.

O objetivo central do *branding* de marca pessoal é a lembrança positiva do seu nome. É tornar o seu nome e a sua marca pessoal posicionadas de maneira favorável no seu nicho de atuação. Eu tenho certeza de que esse é o maior sucesso que um profissional pode alcançar: boa reputação e indiscutível posicionamento na mente das pessoas.

E você deve estar se perguntando: como mostrar ao mundo a minha marca pessoal de maneira transparente e única? Como assumir um posicionamento exclusivo à minha audiência? Essa pergunta está ligada ao maior ativo que o seu nome pode ter: assumir um posicionamento com autenticidade.

Branding é, portanto, o esforço consciente e intencional para criar e influenciar a percepção pública de um indivíduo, posicionando-se como autoridade. Porém, engana-se quem pensa que o estudo e a aplicação de *branding* e posicionamento de marca pessoal conta com um início, meio e fim, como usualmente ocorre em outros processos. Trata-se de algo contínuo, que exige esforço constante e vigilância permanente, uma vez que a sua marca necessita ser reafirmada e reposicionada no inconsciente coletivo.

Assim, quando eu entendi a importância de uma gestão estratégica de marca pessoal, eu compreendi que assumir um posicionamento certeiro na mente da nossa audiência é libertador, pois você tanto assume o posicionamento de destaque e de autoridade que merece quanto tem a oportunidade de expressar ao mundo a sua essência como profissional – e, perante a sua essência não há concorrência. Muitos podem fazer o que você faz, mas ninguém jamais fará como você faz.

Quando você trabalha na sua marca pessoal e os seus próprios diferenciais, você faz com que as pessoas queiram e escolham você, em detrimento de outros tantos profissionais da mesma área.

Estudar *branding* de marca me fez virar a chave da minha atuação, na época, como advogada. Eu percebi que o meu posicionamento enquanto autoridade no nicho em que eu atuava só dependia de mim. Eu entendi que a responsabilidade pela visão que as pessoas tinham da minha marca pessoal era somente minha, através do meu posicionamento.

Eu também percebi que, assim como eu analisava grandes nomes do meu nicho de atuação, o meu público-alvo também me analisava e formava conceitos sobre a minha marca pessoal. As pessoas estão sempre analisando o que falamos, como falamos, qual entonação nós utilizamos e quais os valores individuais que defendemos.

É nosso dever saber orquestrar os sinais que emitimos, e orquestrar o posicionamento que sustentamos na mente das pessoas. Através do estudo e da aplicação do *branding* de marca, eu permiti que as pessoas formassem conceitos sobre mim, com base na exata mensagem que eu gostaria de emitir. E isso muda o jogo! O seu negócio expandirá quando você começar a orquestrar os sinais que emite à sua audiência, a fim de atender à demanda dela.

Quando você sair da sua zona de aleatoriedade e se posicionar como a autoridade que você acredita fielmente que é, então o seu crescimento profissional expandirá. Posicionar-se de forma estratégica, intencional e assertiva permite a criação de uma conexão genuína com os seus clientes ideais.

O que eu não imaginava, na época, era que, de um simples questionamento e indagação sobre o posicionamento de marcas pessoais, surgiria uma grande paixão: gestão de marcas e *branding* pessoal. Passei, a cada dia, a sentir a necessidade de aprofundar meus conhecimentos em *branding* de marca, e conheci, a partir dali, um universo completamente inesperado – no bom sentido.

Entendi que a transformação profissional que eu almejava, enquanto advogada, era a mesma transformação que diversos outros profissionais, das mais diversas áreas, também almejavam em suas jornadas.

Eu percebi, então, o propósito de todo o estudo e dedicação empenhados ao *branding* de marca: ajudar outros profissionais a se destacarem em seus nichos de atuação. Acolher cada particularidade de cada profissional que me procura. Auxiliar no desenvolvimento de uma irrefutável reputação em torno da marca pessoal de um profissional. Alinhar a mensagem que um profissional deseja emitir à sua audiência. Desenvolver personalidades para serem vistas como autoridades. Encorajar cada profissional a assumir seu real posicionamento, respeitando suas crenças, seus valores inegociáveis e seus pilares.

O universo do *branding* de marca me encontrou por acaso – mas não foi por acaso que permaneceu na minha vida. Hoje, eu assumi o papel de consultora e mentora de grandes marcas pessoais, e tenho a grande responsabilidade, por meio do meu trabalho, de ajudar outras pessoas a encontrarem e a assumirem os seus reais posicionamentos.

Todo profissional merece desenvolver uma marca pessoal forte, autêntica e exclusiva. Toda pessoa merece lutar pela construção impecável de um significado por trás do seu nome. Todo profissional merece reconhecimento profissional, e eu te asseguro: o seu reconhecimento é possível e é merecido.

Eu quero que você entenda: você merece ocupar um lugar de destaque. Todos nós merecemos ser notados como autoridade. Merecemos que o nosso valor e a nossa essência sejam posicionados na mente do nosso cliente de forma notável. E hoje eu estou aqui para lhe dizer que é possível nos conhecermos no mais íntimo do nosso ser, e nos permitir sermos a nossa melhor versão, assumindo nosso real posicionamento, todos os dias.

> Perante a sua essência não há concorrência
>
> GABRIELLA ROZZA

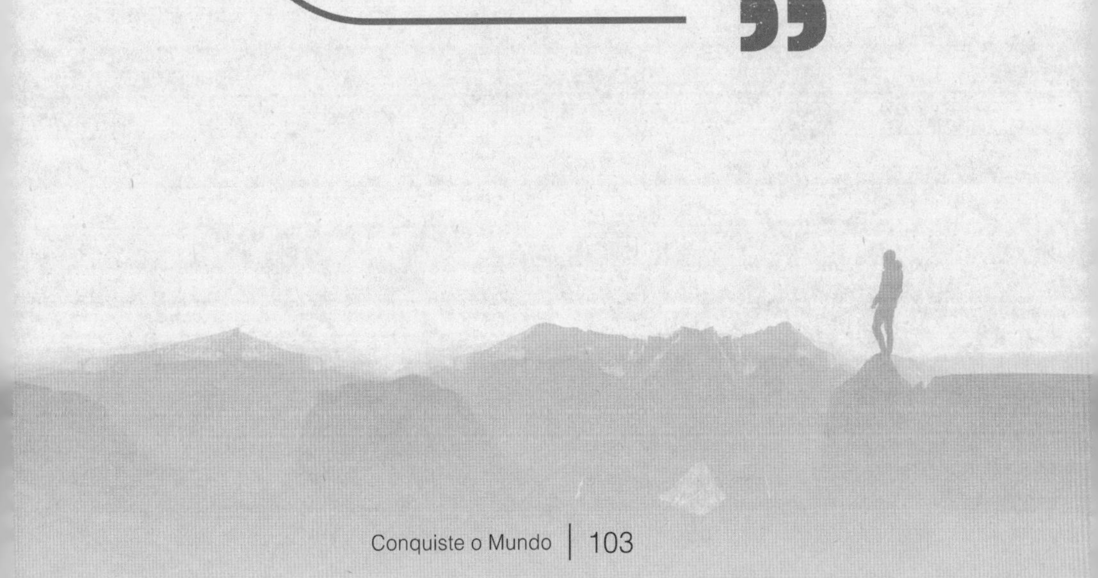

Gilmar Zwirtes

Sou Gilmar Zwirtes, idealizador do método Tríade da Transformação®, treinador comportamental e apaixonado por ferramentas de gestão e desenvolvimento humano. Atuo como *master coach* integral sistêmico, com certificação internacional pela FCU. Sou também terapeuta renascedor, especialista em Análise de Perfil Comportamental. Me formei em Engenharia Elétrica e tenho pós-graduação em Gestão de Projetos e de Pessoas.

Minha missão é crescer, ser feliz, prosperar e contribuir para a transformação de vidas e negócios, pois acredito que todos nós somos capazes e merecemos viver a nossa essência. Assim, podemos construir uma jornada de evolução pessoal e profissional plena e feliz. Sigam-me nas redes sociais:

https://taggo.one/gilmar.zwirtes

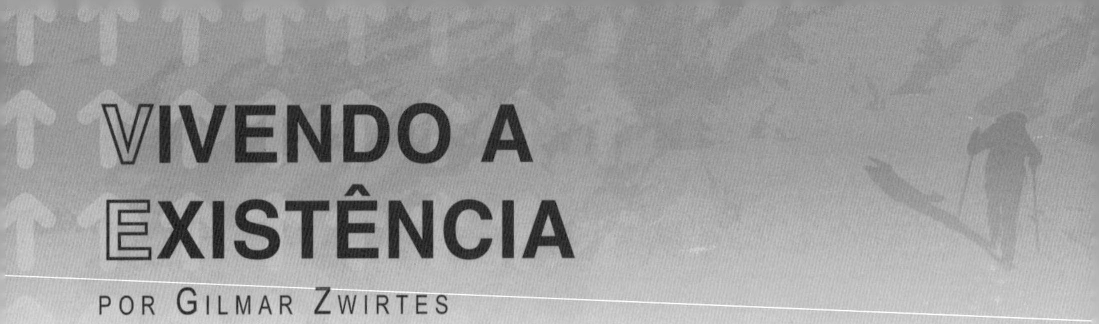

VIVENDO A EXISTÊNCIA

POR GILMAR ZWIRTES

Você acredita que apenas ter uma boa formação em um curso superior renomado, dominar as técnicas, ferramentas e ser apaixonado pela sua profissão são suficientes para se tornar uma pessoa próspera na vida e na carreira? Um dos principais erros que as pessoas cometem é o de pensarem que, desenvolvendo apenas suas habilidades técnicas, em uma faculdade, curso ou no dia a dia de trabalho, alcançarão o sucesso em todas as áreas da vida, sentindo-se plenamente realizadas.

Claro que isso é importante e contribui muito, mas ninguém atinge patamares mais elevados e com equilíbrio em todas as áreas da vida sem ter a inteligência emocional bem desenvolvida. Se você estudou muito para ter sucesso profissional e financeiro, mas ainda não conseguiu, posso lhe garantir que isso se deu por limitação emocional e suas crenças. Se tudo dependesse do seu intelecto, você já teria conquistado o que almejou. Nós, geralmente, somos moldados para sermos racionais e nada emocionais. Quando não desenvolvemos ou não damos importância às nossas habilidades comportamentais, acabamos tendo prejuízos. Então, sentimos a insatisfação com os resultados na vida e na carreira, frustração, procrastinação, esgotamento, desmotivação e estagnação. Passamos a não entender o real sentido da vida, temos desgastes nos relacionamentos, baixa autoestima, falta de força e equilíbrio emocional, além de medo e insegurança.

Talvez você tenha se identificado com algumas dessas situações, e eu também passei por momentos bem desafiadores. Minha vida mudou quando entendi que **propósito, autoconhecimento** e **relacionamentos** são as respostas para viver a essência e despertar a minha melhor versão. Quando descubro o real sentido da minha existência, sei quem sou e aprendo a me relacionar comigo mesmo e com os outros. Fazendo a gestão das emoções, me torno pleno e feliz. Nesse momento, resolvi ajudar quem precisa, pessoas que querem evoluir e contribuir com uma missão maior, tornando-se mais gratas, felizes e realizadas, por meio do método Tríade da Transformação®.

Sobre propósito: já se perguntou como pessoas conhecidas e bem-sucedidas em todas as áreas lidam com a vida, os relacionamentos e a carreira? Muitas delas passam anos com dificuldades pessoais, frustradas com relacionamentos e em carreiras de que não gostam, que não trazem satisfação e resultados esperados. Tais pessoas acabam por não se identificar com o que fazem e não têm motivação para continuar. Porém, por medo, por não quererem deixar a zona de conforto ou por terem conquistado uma remuneração que paga seus boletos, ou até por estarem em um caminho mais fácil de percorrer, continuam no mesmo lugar, frustradas e infelizes.

Encontrar um sentido ou uma razão para as coisas que fazemos é o combustível que nos move e nos alimenta quando buscamos realizar um sonho ou alcançar um objetivo. Parece algo trivial e óbvio, mas a maioria das pessoas vive no piloto automático, e nem se dá conta de sua falta de sentido ou perspectiva. O propósito de vida é a força interna necessária para nos manter motivados na realização dos nossos sonhos pessoais e profissionais. Sem ele, nos sentimos facilmente perdidos, pois não sabemos pelo que vivemos ou nos esforçamos todos os dias.

Reflita sobre o quanto isso pode estar influenciando na sua desmotivação e travando seu sucesso pessoal e profissional. O método que me ajudou muito no início da minha trajetória foi o *Ikigai,* que significa "sua razão de existir", surgido no sul do Japão. De acordo com a tradição japonesa, todos possuem um *ikigai,* ou propósito de vida, bastante óbvio.

Entretanto, a maioria das pessoas não consegue encontrar esse propósito ou não vive de acordo com ele. Buscar sentido, razão de existência ou significado pode até soar como uma espécie de ostentação, uma "besteira", e muitas pessoas dizem não ter tempo para isso. Elas, no entanto, passam suas vidas fazendo coisas que não têm conexão com seu talento, ou sem saber por que fazem aquilo. E, o que é mais preocupante, não gostam do que fazem, mas agem por obrigação.

Grandes projetos estão baseados em forte consciência e clareza em seu propósito nesta vida, no que de fato te faz levantar todos os dias para fazer o que precisa ser feito, a fim de alcançar seus objetivos. Você precisa encontrar algo de que goste ou aprender a gostar daquilo que faz, explorando seus talentos e gerando prosperidade, ao focar todas as suas energias e seus pensamentos na conquista das metas para sua jornada. Ter um propósito é fazer o seu melhor hoje, sentir-se feliz hoje. Isso significa uma verdadeira libertação: toda escolha estará justificada e cada ação terá um motivo, sem exigir muita reflexão. Portanto, um dos grandes segredos do sucesso de algumas pessoas em suas jornadas está em estabelecer um propósito de vida com metas claras. Isso acontece quando os nossos talentos encontram as necessidades do mundo.

Sobre autoconhecimento: eu e você já falhamos muito por não sabermos viver a nossa verdadeira essência. Já me subestimei bastante por não conhecer e entender todas as minhas potencialidades. Da mesma forma, já me supervalorizei por não entender quais são os meus pontos de melhoria, aquilo que eu preciso aprimorar. Muitas vezes, eu falhei por não me entender. Por isso, precisamos compreender melhor a nossa essência. Eu e você precisamos compreender a fundo por que e como fazemos o que fazemos. Precisamos entender por que decidimos e a forma como decidimos. Isso é autoconhecimento!

Vou lhe fazer algumas perguntas que deveriam ser fáceis de responder: quem é você? Será que você se conhece, realmente? Quem você gostaria de ser? O que você precisa fazer para se tornar quem quer ser? A maioria das pessoas não tem muita facilidade de responder a essas perguntas, e isso acontece por vários motivos. O principal deles reside no fato de que elas não conhecem o seu propósito de vida, ou porque, talvez, acreditem que a vida seja, apenas, ter uma família ou uma empresa, dinheiro e bens, ter beleza física ou conhecimento.

Desenvolver o autoconhecimento é identificar nosso perfil comportamental, reconhecer nossas qualidades e capacidades, bem como limitações e fraquezas. É entender melhor de que forma percebemos a vida, o mundo e as pessoas que nos cercam. É notar como reagimos a cada estímulo e a determinadas situações, tomando consciência de nossos desejos. É repensar atitudes, reconhecer emoções e de que forma elas impactam nossos resultados.

Quando compreendemos o princípio da semeadura, entendemos que nossos resultados não são fruto do destino e, sim, a colheita de tudo aquilo que escolhemos plantar. Então, se você quiser resultados diferentes, precisa plantar novas sementes, novas escolhas. Essa transformação começa dentro de nós. Sem isso, todo o processo de autoconhecimento e desenvolvimento pessoal fica prejudicado. A vida é um ciclo de acontecimentos, aos quais você precisa dar atenção. Fazendo isso, seu propósito de vida e sua identidade serão cada vez mais evidentes. Só então você poderá começar a entrar em contato com sua essência, composta por seus valores e suas crenças, norteada por seus comportamentos, e que se faz mais presente pelas suas capacidades. Invista em autoconhecimento: conhecer a si mesmo é, inquestionavelmente, o caminho mais frutífero para viver seu propósito e sua missão de vida. Afinal, entender o que te motiva e o que não faz diferença na sua rotina é determinante para você assumir o controle do seu presente e planejar seu futuro.

Sobre relacionamentos: você já parou para pensar sobre seus tipos de relacionamentos, seja em casa, no trabalho ou nos seus momentos de lazer? A relação entre duas ou mais pessoas nos mostra como convivemos com diversos perfis de personalidade. Ter bons relacionamentos e desenvolver um *networking* tem extrema importância e é imprescindível na corrida pelo sucesso pessoal e profissional. O relacionamento interpessoal muda tudo, dependendo do contexto em que estamos inseridos.

Isso significa que sua maneira de se relacionar no ambiente de trabalho não será igual ao seu perfil no seu relacionamento familiar, do mesmo modo que você terá comportamentos diferentes se estiver em uma comunidade, em vez de estar entre amigos íntimos. Um dos principais obstáculos para o convívio harmônico e produtivo está na pouca importância que damos às características que nos distinguem uns dos outros. Em geral, tratamos os demais como se eles pensassem e agissem como nós, ou como gostaríamos que agissem. Os conflitos, muitas vezes, surgem nessas diferenças, quando acho que as pessoas têm que pensar como eu penso e fazer as coisas como faço. Esse é um paradigma ultrapassado e, se você fizer isso, você vai errar.

O segredo está em, primeiramente, construir um bom relacionamento consigo mesmo, conhecer sua essência, para, então, construir relacionamentos saudáveis e positivos com os outros. É preciso tratar o outro da maneira como ele precisa e gostaria de ser tratado, e isso deve ser feito de acordo com o perfil comportamental dessa pessoa. O estilo de comportamento e os padrões comportamentais dizem muito sobre quem somos.

Pesquisas na área comportamental mostram que pessoas mais eficazes são as que conhecem melhor a si mesmas, tanto os seus pontos fortes quanto os que precisam de melhoria. Assim, elas conseguem desenvolver estratégias mais adequadas às exigências do meio em que vivem. Portanto, agora é hora de você sair do piloto automático e assumir sua responsabilidade, escolhendo fazer o que é necessário para viver com propósito a sua existência.

Acesse meu site.

> Quando descubro o real sentido da minha existência, sei quem sou e aprendo a me relacionar comigo mesmo e com os outros. Fazendo a gestão das emoções, me torno pleno e feliz.
>
> Gilmar Zwirtes

Irlan Leonard

Especialista em comportamento humano, sou a prova viva de que podemos vencer a procrastinação e transformar nossas vidas.

Engenheiro, perito judicial e empresário, decidi mergulhar em disciplinas até então desconhecidas, como neurociência e comportamento humano. Com a aplicação desses conhecimentos, surgiram as mudanças vindas das atitudes, como ascensões em cargos de liderança na empresa em que estava prestes a pedir demissão.

Atuo como diretor do Ibape (Instituto brasileiro de avaliações e perícias de engenharia), sou gestor de empreendimentos na Eletrobras e sócio-fundador da *holding* de franquias Hub Cash Soluções Financeiras. Além disso, sou autor, palestrante e treinador sobre comportamento humano.

irlanleonard
(81) 99932-9812
irlanleonard@gmail.com
Irlan Leonard

VENÇA A PROCRASTINAÇÃO E ALAVANQUE SUA VIDA

POR IRLAN LEONARD

Certo dia, combinei com meu filho que, no dia seguinte, iríamos passear e caminhar no parque. Estranhei o fato de ele não demonstrar o entusiasmo de sempre, mas não questionei e fomos dormir. Amanheceu, era sábado – um dia lindo com céu claro, quase nenhuma nuvem. Um ótimo dia para pegar meu filho e passear no parque próximo a nossa casa. Mas acordei com um sentimento de que tinha muita coisa para fazer, tirar o atraso da semana.

Entrei em meu escritório e comecei a trabalhar. Em meados das 11 horas da manhã, saí do escritório para ir à cozinha e lá estava meu filho, brincando e sorrindo. No mesmo instante, me lembrei do passeio prometido, vi que ele aparentava também nem se lembrar do combinado. Então, fui justificar que não iríamos naquele dia, mas que poderíamos ir no domingo, o dia seguinte. Em seguida, meu filho simplesmente respondeu de forma tranquila, cabisbaixo e sem olhar nos meus olhos: "Tranquilo, pai, eu já sabia, você sempre promete, mas nunca tem tempo!". Até hoje, escrevendo esse capítulo, meus olhos se enchem de lágrimas e sinto um "embrulho". Naquele momento a angústia tomou conta de mim, por mais que eu imaginasse o quanto a minha procrastinação me fizesse mal, eu ainda não tinha noção do quanto estava fazendo mal às pessoas que eu mais amava. O quanto pequenas procrastinações estavam proporcionando um sentimento de incredibilidade.

Convivi com a procrastinação desde a minha infância. De modo sistemático, eu não terminava o que começava – isso quando começava. Minhas ações eram intempestivas e sem planejamento. Como dizem, eu vivia "apagando incêndios". Mas minha transformação de verdade iniciou a partir de um momento que eu nunca imaginava, quando eu estava num certo grau de estresse e quase destruindo muito do que eu tinha construído: casamento, família e carreira como engenheiro e perito judicial. Enfim, eu me encontrava numa fase em que iria pedir demissão do emprego e recomeçar a vida.

Ao decidir escrever sobre a procrastinação, era considerado uma pessoa de alto desempenho nas atividades que praticava, mas só eu sabia o quanto era sofrido atingir tantos resultados procrastinando ao longo da vida. Faltando pouco para as coisas darem errado, eu me sobrecarregava, virava noites, desfazia programas e planos; mas, no final de tudo, sempre dava certo. O resultado era sempre elogiado, porém só eu sabia que tinha sido "por pouco".

Mas como Deus sempre quer nos mostrar o melhor caminho e nos fazer entender que **não é porque sempre deu certo que dará certo para sempre**, os desafios iam aumentando. Vinham as promoções no emprego, minhas palestras eram mais solicitadas, apareciam mais e mais perícias, até o ponto em que meu nível de estresse e desespero chegou ao limite. Não dava mais para procrastinar, pois eu estava cercado de responsabilidades, e, mesmo se eu procrastinasse uma tarefa, não daria tempo de terminar outra.

Depois de ouvir as palavras do meu filho naquela manhã, decidi vencer a procrastinação. Logo, tomei como missão e propósito de vida ajudar pais, empresários, líderes, liderados, médicos, advogados, engenheiros, idosos e estudantes, dentre outros – todos que se considerassem procrastinadores – a se conhecerem e terem consciência dos malefícios da procrastinação em suas vidas. Não só hoje, mas, principalmente, os danos que poderiam ocorrer no futuro.

Autoconhecimento é o primeiro passo para superar a procrastinação. Não conseguimos mudar qualquer comportamento se antes não aceitarmos que ele existe. Não basta querer mudar; afinal como mudar algo que achamos que não é danoso ou, até existente em nossas vidas?

Lembro-me de João, um empresário que passou por vários altos e baixos na vida. Um dos fatos que sempre narrava era que não tinha tempo para nada, pois o trabalho e os resultados que queria obter eram demasiadamente importantes e julgava que isso daria uma vida melhor à sua família. Sempre se imaginava, no futuro, saudável, viajando e com uma vida amorosa e feliz com seus filhos e esposa. Mas, na realidade, o que João fazia era não arrumar tempo para cuidar da saúde, planejar viagens e ter tempo de qualidade com a família. Isso fazia com que ele se sentisse péssimo todos os dias.

Na realidade, João se afastava daquilo que ele mais almejava como resultado de sua vida. Era pior: ele já se via tendo que mentir para as pessoas que ele mais amava: algumas vezes para seus filhos, contando histórias para adiar um passeio, um momento de brincadeiras ou jogos. Outras vezes, para a esposa, acabava prometendo algo e não cumprindo no prazo. Ou seja, procrastinava aqueles momentos que ele mesmo dizia que seriam os mais importantes em sua vida. Dessa maneira, sua vida foi passando, dando sinais de que muitas das promessas já não podiam mais ser realizadas. E isso foi se tornando um forte hábito. João estava perdendo a maior riqueza do ser humano: o momento presente.

Os efeitos da procrastinação têm sido cada vez mais observados na sociedade, preocupando o mundo em vários níveis de atuação direta, como tomadas de decisões, que requerem urgência e atuações que necessitam de alguma constância ou motivação permanente para o sucesso.

Pessoas têm se estressado e chegado irritadas do trabalho com um sentimento de que trabalharam muito, mas não renderam quase nada, ficando cheias de pendências para o dia seguinte. Essas pessoas não cumprem os compromissos firmados com esposa ou marido e filhos, deixando para fazer as coisas mais tarde ou amanhã e, na realidade, deixam de fazê-las. A procrastinação afeta a vida conjugal e destrói famílias!

Emagrecer, aprender uma nova língua, aprender a tocar violão ou, simplesmente, ler um livro, são exemplos simples de metas que os procrastinadores não realizam. E assim elas se expandem para metas maiores ou mais ousadas, como a gestão de uma empresa, um curso de pós-graduação, mudar para um novo emprego ou realizar aquele projeto de vida que sempre sonhou. A procrastinação afeta o emocional e destrói sonhos!

Após ter mencionado a "dor" necessária para a mudança de comportamento, é importante entender nosso cérebro, e como ele pode nos ajudar a vencer a procrastinação. Conhecer esse órgão muda o jeito como fazemos as coisas. É determinante para o nosso nível de resultados.

Nosso cérebro possui todos os recursos necessários para vencer a procrastinação; o mesmo cérebro que aprendeu a procrastinar tem todas as ferramentas para aprender novos hábitos. Devemos muito à capacidade de neuroplasticidade, que derruba o conceito de que somos genes e que as pessoas vêm ao mundo com um determinado conjunto de habilidades. De acordo com esse conceito, elas, e o cérebro delas, não teriam como mudar.

A plasticidade neural promove novas ligações entre neurônios, criando caminhos neurais que modificam a rede de conexão que temos. E isso é capaz de modificar muito a vida das pessoas, quando construído de forma correta e fortalecido com crenças e valores adequados. Assim, facilmente você age a ponto de torná-la natural para você. Então, será comum as pessoas falarem: "Nossa, você tem muito talento para isso!".

Os empresários bem-sucedidos não nasceram empresários, as cantoras de maior sucesso e os grandes campeões do esporte não chegaram ao sucesso sem antes alimentarem suas redes neurais. A fisiologia do cérebro de pessoas ditas excepcionais é exatamente a mesma do seu.

Durante toda a nossa vida, o nosso cérebro sofre mudanças, ele é adaptável, de acordo aos estímulos que recebemos ao longo da vida. Assim, modelamos nosso cérebro todos os dias – ele se molda de acordo com os estímulos que oferecemos a ele. Isso é neuroplasticidade. E o que isso tem a ver com a procrastinação? Bem, a procrastinação evita que a neuroplasticidade ocorra.

Agora, a grande virada de chave: entender que a procrastinação não é um problema de gestão de tempo, mas, sim, um problema de gestão emocional. É uma resposta emocional absolutamente interna a coisas que não queremos fazer, mesmo se dissermos que queremos ou temos que fazê-las.

A procrastinação vem de emoções que roubam o humor e a motivação. Quantas vezes você iniciou algo com motivação, mas, ao longo do tempo, o objetivo foi se distanciando. Você tomou outro rumo e, quando percebeu, não havia mais ânimo para concluir aquele objetivo? Pesquisas mostram que, depois de um certo tempo, as pessoas começam a procrastinar e voltam aos velhos hábitos, pois a motivação cognitiva, estimulada pela administração do tempo, é curta. Não conseguimos ser automotivados o tempo todo.

Existem comportamentos, ferramentas e ações neurologicamente corretas para vencermos a procrastinação. Conhecermos a nós mesmos e entendermos um pouco sobre o funcionamento de nosso cérebro nos proporciona a possibilidade de agirmos de forma a nos ajudarmos, entendendo a química do comportamento procrastinador. Assim, podemos tomar decisões para darmos um rumo diferente em nossas vidas.

Apenas dizer que será uma pessoa melhor não vale de nada. O mesmo ocorre para iniciar um negócio, encontrar um novo emprego, entrar em forma ou ganhar mais dinheiro. A base de toda conquista é a ação, e quando você vence a procrastinação e obtém resultados, não precisa mais se provar com palavras, nem precisa se explicar para ninguém. Você simplesmente deixa seus resultados falarem por você. Esse é o poder de superar a procrastinação.

Todos os dias que você não quiser fazer o trabalho, que quiser fugir, se pergunte: para que procrastinar? Nesse instante e em todos os outros, você decidirá seguir um caminho diferente: o da sua realização.

> A procrastinação não é um problema de gestão de tempo, mas, sim, um problema de gestão emocional.
>
> Irlan Leonard

Jacqueline Sampaio

Eu sou Jacqueline Sampaio, filha amada de Deus, esposa de Leonardo, mãe de Maria Clara e Leonardo Filho.

Iniciei minha vida profissional em 2006, como atendente em uma empresa multinacional de um conglomerado financeiro.

A partir do ano de 2011, vivi uma experiência no setor administrativo-financeiro de uma instituição educacional, onde obtive grandes aprendizados e conexões importantes.

Em 2016, me tornei sócia de uma empresa de fisioterapia domiciliar junto ao meu esposo e, desde então, temos verificado o crescimento de nossos números e feito ano após ano.

Como *master coach*, ajudo pessoas a romperem limites e viverem o extraordinário em seus relacionamentos, na sua liderança, carreira e negócios.

jacquelinesampaio.coach
(81) 98761-6177

ENTENDENDO AS DIFERENÇAS E FORTALECENDO MEUS RELACIONAMENTOS

POR JACQUELINE SAMPAIO

Você sabia que a sua vida pode ser completamente transformada se você entender as diferenças e fortalecer os seus relacionamentos? Para compreender como isso funciona, precisamos saber que relacionar-se é um dos princípios básicos desde o início da humanidade, e por mais que hoje a experiência da modernidade pareça estar nos conduzindo a uma nova forma de societização devido aos processos de individualização e globalização social, as relações humanas continuam sendo a base de tudo.

Você consegue perceber que estamos o todo tempo nos conectando e gerando novas relações das mais diversas formas? Isso acontece nas organizações, no ambiente de trabalho, nos círculos de amizades, dentro das famílias, entre tantos outros exemplos.

É através da convivência com as pessoas que nos cercam que fortalecemos a nossas habilidades sociais. Seja qual for a profissão ou função que exercermos, nós precisamos nos relacionar com outras pessoas e os vínculos que são gerados ao longo das nossas vidas, são fundamentais para o nosso desenvolvimento enquanto pessoas.

A necessidade dos relacionamentos é uma realidade, mas não é uma tarefa fácil. Compreender os comportamentos, motivadores e medos de outras pessoas é uma tarefa bem complexa e a falta dessa competência pode gerar conflitos, discussões, baixa produtividade e até ódio. Isso porque queremos que o outro pense e haja como a gente, pois muitas vezes ignoramos as individualidades. Mas desenvolver a capacidade de se relacionar com o próximo não é tão difícil quanto parece, pois à medida que vamos aprimorando essa competência, a nossa mente expande para conexões mais efetivas, evitando situações de conflitos desnecessárias, entendendo comportamentos e potencializando a comunicação.

Agora imagine como seria se todos nós soubéssemos lidar com as outras pessoas. Você concorda que teríamos casamentos mais felizes, não haveria conflitos entre irmãos, familiares conviveriam de forma mais amável e respeitosa, os vizinhos seriam gentis uns com os outros, as equipes de trabalho seriam mais harmoniosas e mais produtivas, não existiriam desafios com líderes, nem com liderados?

Quero propor a seguir que você avalie com um conceito (R – T – B - O – E) a qualidade de seus relacionamentos na tabela abaixo, considerando a legenda.

	Filhos	Conjugue	Pais	Irmãos	Vizinhos	Pessoas do trabalho	Amigos	Grupo religioso
CONCEITO								

Legenda de Conceitos

R	T	B	O	E
RUIM Neste nível, você não consegue se comunicar, evita proximidade e não gosta nem de ter notícias destas pessoas.	TOLERÁVEL Você consegue uma convivência bastante limitada, mas até a boa educação para um bom convívio difícil de ser mantida.	BOA Existe respeito e em alguns momentos até acontece um papo amistoso. Não é sua primeira opção de companhia, mas você tira de letra.	ÓTIMO Você gosta de estar perto dessas pessoas, tem admiração e entende os limites delas. Sente-se à vontade para ajudá-las e pedir ajuda.	EXCELENTE Aqui estão as pessoas que você aceita do jeito que elas são, com qualidades e defeitos. Você consegue manter uma comunicação saudável.

Quero sugerir que você faça a seguinte contagem:

1- Quantos grupos receberam os conceitos R e T?___________

2- Quantos grupos receberam o conceito B?______________

3- Quantos grupos receberam os conceitos O e E?_____________

Agora, tenho uma notícia para te dar, com muito amor. Independente do que a convivência com as pessoas provoque em você, é você o responsável pelo que sente, pelas palavras que profere e pelo que cativa ao seu redor. Se você teve uma predominância de avaliação R e T para seus grupos, significa que você precisa repensar sua postura, seus pensamentos e sentimentos em relação às pessoas. Isso não significa ignorar as relações que são abusivas na comunicação ou em qualquer outra troca que o termo relacionamento, em qualquer natureza, propõe. Significa estar alerta ao que você sente e pensa.

Quando você tem uma expectativa baixa em relação às pessoas, é possível que você esteja reproduzindo a maneira como já te trataram e isso te marcou emocionalmente. Essa experiência requer atenção e merece cuidados profissionais.

Se você teve predominância de avaliação B para seus grupos sociais, significa que você não consegue aprofundar seus relacionamentos. Sim. Estou falando de você que apesar de uma comunicação boa e de, aparentemente, se dar bem com todo mundo, no seu íntimo você não aprofunda seus relacionamentos. É muito provável que seu grupo de amigos se renove com uma certa constância.

No caso de haver predominância de avaliações O e E, você aprofunda laços com as pessoas. Certamente você é muito querido por seus grupos e todos querem sua presença. Você é aquela pessoa que quando aparenta precisar de ajuda, tem um monte de mãos estendidas para você.

Claro que esse formato não está engessado, mas tem a finalidade de nos levar a uma reflexão sobre os níveis de aprofundamento das nossas relações e nos permite perceber que existe um próximo nível. Algum dos grupos que você avaliou merece ir para um nível maior de aprofundamento relacional?

Se você deseja verdadeiramente se relacionar e influenciar positivamente as pessoas ao seu redor, com a finalidade de obter alta performance e grandes conquistas na vida pessoal e profissional, existe uma condição indispensável, um requisito essencial e, acredite, não adianta conhecer técnicas e regras se essa condição não for atendida. É o autoconhecimento. Sem se conhecer, você não sabe o que esperar de você e para você. Como consequência, não vai conseguir comunicar externamente o que precisa em seu convívio.

Sem dúvida, o autoconhecimento é a primeira e mais importante chave para você desenvolver a habilidade de entender e fortalecer seus relacionamentos. É por meio do autoconhecimento que você irá adquirir uma relação de intimidade e profundidade com a pessoa mais importante da sua vida: VOCÊ MESMO. Existe uma frase famosa atribuída ao filósofo Sócrates, gravada na entrada do Oráculo de Delfos que diz assim: *"Conhece-te a ti mesmo"*. Essa frase é um pilar do pensamento socrático e podemos usá-la hoje, para dizer que o autoconhecimento é o ponto de partida para qualquer tipo de relacionamento.

Conhecer-se implica na possibilidade de expor suas potencialidades e identificar os gatilhos de suas fragilidades. Elas sempre vão existir em diferentes campos. Conhecendo-as, podemos evitar ou identificar os gatilhos de ativação, o que nos mantém seguros. Todo esse processo vai permitir que você cresça e conheça a sua melhor versão, te fazendo alcançar uma vida extraordinária e ainda adquirir autonomia sobre a sua vida, sua história e seu futuro.

Quero propor um desafio agora. O desafio de mostrar o quanto você conhece de você mesmo. Temos abaixo duas figuras: figura A e figura B. Você vai preencher nos espaços enumerados da figura A, 10 potencialidades suas (exemplo: prestativo, comunicativo, atencioso...). E na figura B, nos mesmos espaços enumerados, você vai preencher com aqueles aspectos que você acredita que deve melhorar (exemplo: procrastinação, deslealdade, preguiça...).

FIGURA A

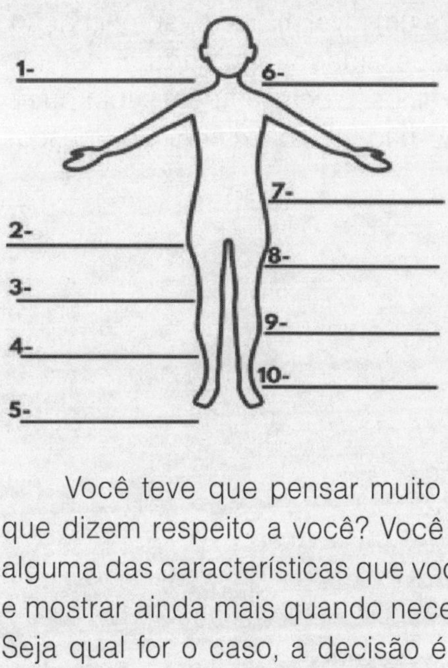

FIGURA B

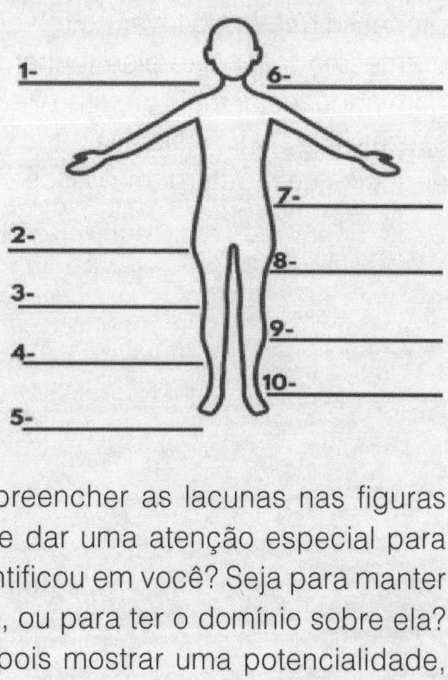

Você teve que pensar muito para preencher as lacunas nas figuras que dizem respeito a você? Você decide dar uma atenção especial para alguma das características que você identificou em você? Seja para manter e mostrar ainda mais quando necessário, ou para ter o domínio sobre ela? Seja qual for o caso, a decisão é boa, pois mostrar uma potencialidade, valoriza sua imagem e demonstra segurança nas pessoas com as quais você se relaciona. Todos serão beneficiados ao saber que você, por exemplo, domina tecnologias, ou consegue redigir maravilhosamente bem.

Do mesmo modo, você e o grupo são beneficiados quando você identifica uma limitação, por exemplo, na sua comunicação. As lideranças vão poder evitar que você tenha suas atividades focadas no atendimento ao público, por exemplo. Entende a importância do autoconhecimento para você e para sua rede de relacionamentos?

É de vital importância o aprimoramento diário no modo como são desenvolvidas nossas relações. Dependemos de contato com gente para que possamos existir enquanto indivíduo. Este, a propósito, só faz sentido se houver coletivo. Do nosso convívio em grupo depende nossa habilidade de apresentar nossas diferentes e melhores versões, todos os dias, para nossos diferentes relacionamentos. Você não pode ser hoje, o mesmo pai e a mesma mãe de 10 anos atrás, pois seus filhos cresceram. Você não pode gerir sua empresa da mesma forma que há 5 anos, pois as pessoas são outras, mesmo as que se mantiveram no grupo e o cenário também é outro. Seu casamento/relacionamento não pode se sustentar nas mesmas bases do começo, pois seu corpo e mente mudaram. Sua rotina é outra.

Quando conhecemos a nós mesmos, podemos nos posicionar de maneira mais assertiva nos nossos diferentes relacionamentos e estarmos mais aptos a conhecer as pessoas ao nosso redor. Esse é o começo do processo que pode levar as relações para um nível maior de aproximação, ou mesmo fazer que elas tenham sua necessidade reavaliada. É sempre bom poder estar mais próximo de nossos filhos. É bom também saber quem são as pessoas desleais, para que elas não se aproximem dos nossos negócios nem deturpem nossos valores.

> O autoconhecimento é a primeira e mais importante chave para você desenvolver a habilidade de entender e fortalecer seus relacionamentos.
>
> Jacqueline Sampaio

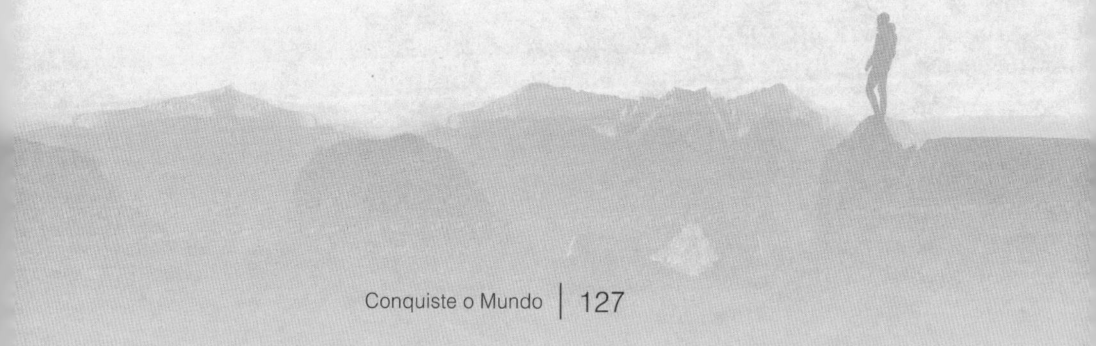

Josué Matos

Sou palestrante internacional, *coach*, pastor, analista de perfil comportamental, escritor e advogado. Graduado em Formação, Capacitação de Líderes e Gestão de Projetos, pelo *Haggai Institute*; Doutorado em Teologia pelo *IMI - Florida*; Curso de Formação de Líderes "Lidere em Tudo" pela *Florida Christian University;* Proficiência na Língua Inglesa, pela *Michigan University - USA.* Trabalho, também, como professor de Inglês com PNL.

Atuo na mentoria de indivíduos e empresas, através de processo de condução lógica e cognitiva, identificando os objetivos e aonde esse indivíduo/empresa quer chegar. Traço um plano completo de ação, usando a psicologia positiva para a alta performance, construindo crenças que possibilitem a realização das metas e objetivos estabelecidos, levando o cliente ao ponto desejado.

josuematos.1
(98) 98533-4007
josuematos.br@gmail.com
Josué Matos - CONQUISTE O MUNDO

ESTABELECENDO METAS CORRETAMENTE

POR JOSUÉ MATOS

Como será sua vida no futuro, daqui a cinco anos,se não acontecer uma mudança no seu hoje?

Vivemos hoje num mundo tão globalizado que a quantidade de informações que nos chega diariamente é maior que nossa capacidade de absorção, obrigando-nos a fazer escolhas do que iremos nos alimentar intelectualmente a cada dia.

Essa enxurrada de informações chega sem pedir licença através de vários canais, inundando nossos grupos de WhatsApp, e-mail e nos obrigando a gastar tempo mandando para lixeira informação de ontem, para dar lugar à de hoje.

Como você distribui seu tempo entre atividades profissionais, de lazer e de convívio social e familiar?

Todos os dias encontro pessoas que trazem um mesmo tipo de problema. *"Não sei o que deixar de fazer hoje, para priorizar aquilo que é mais importante."*

Fala-se que o brasileiro costuma deixar tudo para a última hora. É verdade, pois o nosso dia a dia tem andado tão cheio de um ativismo perigoso que não nos damos conta de que estamos abandonando relacionamentos importantíssimos, como atenção à esposa ou marido, aos filhos, cuidado e honra aos mais velhos que nos ajudaram a ser aquilo que somos hoje. Estamos colocando sobre aquela velha pilha de papel ao lado da mesa de trabalho os assuntos que ficarão para amanhã, ou, quem sabe, depois de amanhã. Como consequência, dorme-se pouco e mal, exigindo, horas depois, que o corpo esteja pronto para mais um dia de trabalho extenuante.

Fatores críticos começam a aparecer, tais como: dificuldade de trabalhar, insegurança, medos, desmotivação, falta de cumprimento de prazos, vitimização e falta de responsabilidade com tarefas. E, quando você se dá conta, o caos está estabelecido em alguma área da sua vida.

"2% da população – produzem mudanças.

13% da população – veem as mudanças acontecerem e às vezes apoiam os 2%.

85% da população – não percebem as mudanças e apenas seguem o rebanho." (Daniel Goleman, *O poder da inteligência emocional*)

Quando não existe atenção à roda da sua vida (ferramenta utilizada no desenvolvimento humano), deixando de trabalhar um dos seus pilares, como em um prédio, a sustentação corre perigo. A tendência é que a fragilidade do pilar mais fraco faça ruir os demais.

Não perca de vista os pilares da roda da vida que são: o espiritual, parentes, conjugal, filhos, social, saúde, servir, intelectual, financeiro, profissional e emocional. Aliás, como você está em cada um deles? Dê uma nota de zero a dez a cada um desses pilares. Você poderá, então, determinar a distância que você está de uma vida feliz, realizada e próspera. Se você der alguma nota abaixo de sete, então você precisa de ajuda.

Descoberto isso, é hora, então, de você fazer um esforço e se tornar um dos 2% que irão produzir mudanças, para alcançar as suas metas.

Mas, em qual meta devo focar primeiro, se a vida está uma bagunça?

É necessário fazer uma coisa de cada vez, estabelecendo uma agenda programada. O grande escritor, conferencista e *coach* Paulo Vieira disse: "Zona de conforto é a combinação de várias mentiras paralisantes com o prazo de validade vencido".

Quantas vezes você já se sentiu paralisado e não sabia por onde começar a desenrolar o fio da meada? Muitos indivíduos repousam a cabeça no travesseiro sem saber como resolver o amanhã.

Permita-me propor-lhe um questionamento pessoal. E se suas desculpas forem substituídas por suas ações? Tenho a convicção de que se você executar ações coordenadas em vez de apresentar desculpas, você alcançará resultados nunca antes conquistados.

Para decidir aonde você quer chegar, você precisa estabelecer metas corretamente. Compreendendo o que de fato o impediu de alcançar os seus objetivos, eliminando argumentos e crenças limitantes que o fizeram parar. E, se você for capaz de enfrentar seus desafios com coragem, tomando atitudes que realmente façam a diferença, você será um imparável. Quem disse que você não pode? Quem disse que você não consegue?

Procure auxílio de um especialista que te oriente a estabelecer uma grade de metas. Quando suas metas forem devidamente alinhadas aos seus valores pessoais, o processo passa a ser gratificante, pois o destino desejado e a realização dessas metas tornam visível a tão desejada linha de chegada.

É reconfortante quando você consegue enxergar o que você ganha alcançando essa meta, pois o processo, mesmo que seja sofrido, termina com a realização almejada.

Sei que isso pode ser desafiador. E o sentido a ser aplicado aqui é exatamente este, o de *desafiar a dor*, para conseguir alcançar as suas metas.

"A verdadeira felicidade não está em fazer o que se deseja, mas em amar o que realizou." (Sir Winston Churchill)

Você precisa fazer um quadro de sonhos. Ele mostra todos os dias os objetivos que você quer alcançar, pois os elementos sabotadores irão sempre tentar te desviar.

Nos meus 30 anos de idade eu era um próspero empresário, lidando com o comércio exterior e as muitas viagens e obrigações estavam me desviando de um sonho de criança. Em meu sonho, eu seria um jurista, um doutor da lei, assim como o meu pai foi. Porém, as atividades e responsabilidades assumidas me levavam para cada vez mais longe da Universidade.

Depois de vários anos sem conseguir terminar as matérias que começava, eu lamentava que mais um ano havia se passado, pois, as minhas faltas me reprovavam. Depois de tempo suficiente para já ter concluído o curso, fiquei com receio de a universidade me convidar a sair. Foi ali, na dor daquele sofrimento, que eu tomei uma decisão muito difícil:

parar todas as atividades e me dedicar exclusivamente em concluir o meu curso. Para isso, tinha que ir até três vezes por dia à universidade.

Tracei uma meta. Fiz um levantamento desafiador. Lembra? *Desafiar a dor?* E verifiquei que eu poderia concluir o curso em um ano e meio. Três semestres me separavam da minha meta. Havia dias em que, quando eu já me deslocava pela terceira vez, à noite, para a Universidade, eu precisava ir cantando canções de estimulo e sempre mantendo em vista a minha meta. Foram quinhentos e quarenta dias. É... eu contava cada um deles e riscava no calendário que eu tinha na parede.

Foi um processo longo, por vezes difícil, desconfortável, mas ao cabo daqueles quinhentos e quarenta dias eu consegui a tão sonhada realização, traçando a minha meta, alinhando o foco do meu destino e declarando minha vitória, feliz.

Permita-me mais uma vez chamar sua atenção e perguntar: onde está o seu foco? Qual é a sua meta? Quem está lhe dizendo que você não pode? Que você não consegue?

"As circunstâncias externas são responsáveis por apenas 10% de nossa felicidade total; é por isso que nós afirmamos que está nas nossas mãos construir ou criar a nossa felicidade."
(Sonja Lyubomirsk)

O ser humano é dotado de uma capacidade tal, dada por Deus, que se lhe faltarem mãos, ele usará os pés. Se lhe faltar tudo isso, ele usará o dom da palavra. Você conhece Nick Vujicic? Esse rapaz é mundialmente conhecido como o homem sem braços e sem pernas com um espírito perseverante e indomável. Quando ele nasceu as pessoas ficavam imaginando como seria triste e sofrível sua vida, fadado a ser solitário e rejeitado pela sociedade. Ao contrário disso, hoje Nick é casado com uma linda mulher, e vive muito feliz.

Em seu livro *Seja as mãos e os pés,* Nick diz que, embora o mundo tenha muitos problemas, nenhum desafio é grande demais para o Deus que move montanhas. Com sua experiência, Nick compartilha o cerne de sua mensagem, a motivação por trás de tudo o que faz, algo que ele acredita que o mundo precisa agora, mais do que nunca: a fé em um Deus criador

"Quando nos permitimos olhar para o nosso mais profundo eu, trazemos luz e consciência a quem de fato nós temos sido e a quem de fato iremos ser." (Paulo Vieira)

Não é fácil ser honesto consigo mesmo e reconhecer que você precisa de ajuda para se tornar um *Conquistador do Mundo*. É mais fácil agir por vontade própria e fazer a coisa certa do que precisar mudar de uma forma traumática. Assuma as rédeas da mudança. A chave para iniciar uma grande mudança requer, antes de tudo, inteligência emocional, reconhecimento do estado atual e responsabilidade em traçar e cumprir as metas corretas.

Em meus atendimentos de c*oaching*, encontro pessoas que chegam trazendo o seguinte anseio: "Preciso *descobrir qual é o meu propósito"*. Hoje, o imediatismo da internet mostra alguns modelos que são verdadeiros elementos destruidores. O referencial de caráter tem sido desconstruído, formando indivíduos fracos, inseguros e incapazes, por se espelharem em um referencial errado.

Certamente não era esse o futuro que os pais desta geração esperavam para os seus filhos, e o que vemos todos os dias são casamentos desfeitos, sonhos interrompidos, carreiras abortadas. Deixe-me fazer-lhe três perguntas, que preciso que você responda com toda a sinceridade e honestidade para consigo mesmo:WW1. Como será a sua vida daqui a cinco anos, se você continuar fazendo as mesmas coisas que você faz hoje?

2. Quando você cria uma lista de tarefas a serem executadas em um determinado dia, você consegue realizar ao menos 90% do que foi planejado?

3. O quanto você está disposto a se desafiar e sair da mesmice para tomar, de vez, em suas mãos o leme do barco da sua vida?

Quero finalizar lhe fazendo um convite: que você possa estar comigo em um dos nossos seminários realizados perto de você. Ou que você me ajude a realizar um w*orkshop* em sua cidade, pois quero ser seu companheiro de caminhada e mentor em ***Como Conquistar o Mundo***. Porque afinal, **"você é do tamanho dos seus sonhos"**. Aguardo o seu contato.

> Se você for capaz de enfrentar seus desafios com coragem, tomando atitudes que realmente façam a diferença, você será um imparável.
>
> JOSUÉ MATOS

Leuda Oliver

Sou Leuda Oliver, doutora e pós-doutora em Ciências pela Universidade de São Paulo. Após ter desenvolvido várias doenças psicossomáticas, resolvi estudar a mente humana por meio da formação de *Master Practitioner* em Programação Neurolinguística. No curso de PNL, percebi a dimensão do poder de mente humana. Então, busquei ajuda para tratar a obesidade através da hipnoterapia. Com a resolução da obesidade e das doenças psicossomáticas, decidida a transformar vidas, fiz a formação em Hipnoterapia, Decodificação Mente e Corpo e Hipnose Não Verbal, dentre outras formações no campo da mente. Hoje, além de cientista, atuo como terapeuta emocional.

leudaoliveroficial

(11) 91020-6066

Leuda Oliver

www.leudaoliver.com

HÁBITOS CONSTRUTIVOS E HÁBITOS DESTRUTIVOS

POR LEUDA OLIVER

Você deve estar se perguntando o que e quais são os hábitos destrutivos e construtivos, mas antes de separar o joio do trigo, vamos à definição. Segundo o dicionário, “hábito”, substantivo masculino, significa: 1. maneira usual de ser, fazer, sentir; costume, regra, modo. 2. maneira permanente ou frequente de comportar-se; mania.

“Mas porque usar uma definição?” Para diferenciar hábito de rotina. A rotina é uma sequência de ações seguidas regularmente, e o hábito consiste em uma rotina de comportamento.

Exemplos:

1. Você fuma (hábito). Assim que acorda, fuma um cigarro (rotina).
2. Você acorda às 5 horas da manhã, de segunda à sexta-feira (rotina). Aos finais de semana, acorda a qualquer hora (não estabeleceu hábito).

Como são construídos os hábitos?

Quando identifica um padrão, nosso cérebro, para economizar energia, começa a executar ações com menos esforços e julgamento, criando uma programação mental própria para isso. O objetivo é ser eficiente, ao economizar energia na execução – mesmo que isso possa nos prejudicar. Como não existe uma forma correta de se viver, ao longo da vida, vamos adquirindo hábitos que crescem e se internalizam, que podem ser construtivos ou destrutivos.

O que é hábito destrutivo?

Hábitos destrutivos ou ruins são aqueles costumes que, de uma forma ou outra, acabam prejudicando nossa saúde física e mental.

Nosso maior desejo é prosperar na vida, nos relacionamentos, na profissão e na relação familiar. Porém, mesmo percebendo que algo não está funcionando bem, temos uma certa dificuldade em identificar o que está acontecendo e detectar o hábito destrutivo por trás do problema, por ele estar arraigado em nossa mente. E isso abre portas para a frustação, ansiedade, depressão, estresse e sentimento de incapacidade, dentre outros conflitos emocionais.

E os hábitos construtivos?

Vamos adentrar o universo dos hábitos construtivos ou bons. Hábitos construtivos são todos os hábitos que fazem de você uma pessoa mais feliz e próspera. Você pode cultivar esses hábitos ao ingerir alimentos saudáveis, ao nutrir relacionamentos pessoais e interpessoais equilibrados, ao estudar para adquirir mais conhecimentos e ao estar presente em tudo o que faz. Porém, somente você tem a capacidade de decidir o que é bom ou ruim para você. Afinal, a mente é sua e somente você tem o PODER SOBRE ELA.

Mas, o objetivo aqui é te ensinar a mudar um hábito correto! Porém, antes disso, gostaria de contar uma historinha.

Era uma vez uma criança alegre e feliz, com uma infância muito divertida. Com o passar do tempo, cresceu e os desafios e obstáculos da vida a derrubaram. E, mesmo acreditando ser otimista e alegre, não prosperava. Mesmo estudando muito, não crescia profissionalmente. Passou a se sentir uma fraude pois não se sentia inteligente. Até que em um belo dia, resolveu mudar. Por ser pesquisadora cientista, leu vários livros e percebeu que apesar de serem ótimos, só apontavam o problema e pouco ensinavam sobre a solução e concluiu que "o conhecimento nos liberta e a ignorância nos aprisiona" (Leuda Oliver). Então, colocou na cabeça que iria descobrir como mudar os hábitos que estavam destruindo sua existência e a impediam de prosperar. E conseguiu, pois aprendeu que apesar dos desafios, é possível mudar qualquer realidade.

De acordo com a ciência, 99% dos problemas possuem solução e menos de 1% não tem solução. Por esse motivo, irei te ensinar o que funcionou pra mim e que consiste em uma equação simples:

Mudança de hábito = observação + estado de presença + autoconhecimento

Vamos à observação

Para identificar um padrão, você terá que observar sua rotina em busca do "nome e sobrenome do bandido" que está roubando sua energia e te prejudicando.

Exercício 1: Caderno para registro de rotina/sentimentos.

Anote diariamente sua rotina e seus sentimentos por um mês. Anote todos os diálogos internos que passam em sua mente. Resista à "preguiça". Lembre: somente você pode mudar sua realidade. Use, nessa fase, a "força de vontade". Apesar de ser considerada uma bateria limitada, ela te dá energia suficiente para o que você precisa fazer. Se estiver sendo muito desafiador, procure ajuda de algum terapeuta para encontrar a origem do problema.

Exemplos:

Dia X – Acordei às 5h00, sem vontade de me levantar. Fui ao banheiro, mas não me olhei no espelho. Às 13h00, fui almoçar em um restaurante por quilo. Peguei arroz, feijão, ... e macarrão. Em seguida, tive uma reunião muito chata e fiquei com enxaqueca. Às 15h00 tomei café. Esse foi o 7º café do dia. Às 20h00 jantei *cheeseburger* e às 23h00 fui dormir com dor de cabeça. Tive um dia daqueles....

Dia Y – Sextou! Acordei animada, a semana terminou. Às 6h00 tomei café com leite e comi pão com queijo e presunto. Meu marido encheu minha paciência querendo que eu comesse mamão, porque mamão faz bem à saúde. Às 13h00 fui almoçar e às 19h00 jantei com meu marido. Fui dormir às 23h00, após assistir a um filme de terror... Afinal, amanhã é sábado!

Com esse exercício você irá coletar informações valiosas que te ajudarão a reconhecer sua rotina e os hábitos por trás de cada atividade, e a perceber como realmente se sente.

Segundo Charles Duhigg, os hábitos são formados por:

Gatilho: estado mental, acontecimento ou situação que desencadeia a ação de um hábito.

Ação: rotina, que configurou o hábito.

Recompensa: sensação, após uma ação específica.

Por meio do exercício 1, você irá identificar: gatilhos, ações e recompensas. O gatilho é o primeiro que precisamos identificar, pois irá permitir eliminá-lo ou trocá-lo por um novo gatilho que tenha uma ação positiva. Mas, você vai precisar fazer uma escolha. Terá que pesar os prós e os contras. Afinal, se você tem esse hábito, é porque em algum momento de sua vida esse hábito foi importante para você. Os ganhos secundários são os mais desafiadores, pois nosso subconsciente tem um perfil ocioso, não gosta de gastar energia com mudanças, principalmente com aquelas que, supostamente, foram "boas para você". Esse é o motivo pelo qual é tão desafiador parar de fumar, por exemplo. Para seu subconsciente, você teve um motivo importante para iniciar esse hábito. Sempre que ficava nervoso fumava, e o cigarro momentaneamente te iludia com um falso prazer. Por isso, é muito importante pensar na recompensa, pois você vai precisar mostrar à sua mente que vale a pena mudar esse hábito.

Ao ler suas anotações do exercício 1, você perceberá: o que estava sentindo ao fazer o que estava fazendo? Qual foi a ação que executou? Qual foi a sua recompensa?

Vamos ao estado de presença!

O estado de presença é o melhor estado que podemos acessar. Quando estamos em estado de presença, nossa mente e nosso corpo encontram-se na mesma página, no mesmo lugar. Isso amplia nossa percepção, aumentando nossa experiência sobre nós mesmos.

Exercício 2: Estado de presença.

Faça uma *respiração quadrada.* Inspire lentamente pelo nariz, contando mentalmente até 4. Pause por 4 segundos. Expire pela boca contando mentalmente até 4 e pause por mais 4 segundos. Se preferir, à medida que executa a respiração, você pode imaginar um quadrado e que está percorrendo cada canto dele, como na imagem abaixo.

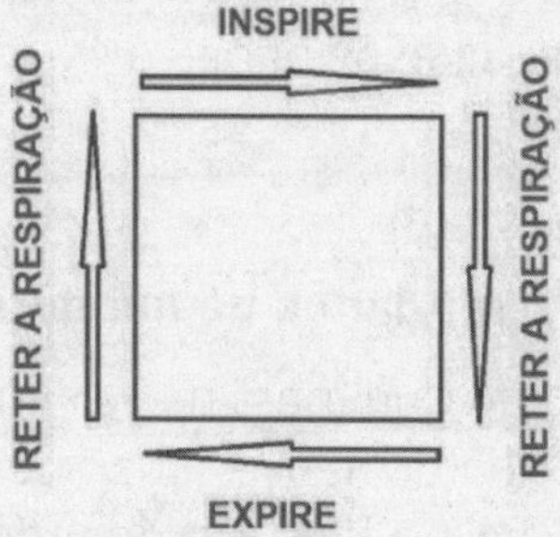

Vamos ao autoconhecimento

Você deve se lembrar do princípio de "impenetrabilidade da matéria" de Newton, no qual "um corpo não pode ocupar ao mesmo tempo dois lugares distintos no espaço". Da mesma forma, Napoleon Hill adaptou esse raciocínio em sua obra *Atitude mental positiva* para "emoções positivas e emoções negativas não podem ocupar o mesmo lugar na nossa mente"; podemos nos apropriar dessa analogia e extrapolar seu conceito para os hábitos. Afinal, não dá para fazer atividade física e não fazer atividade física ao mesmo tempo, não é mesmo?

Mas o que isso tem a ver com o autoconhecimento? Tudo. Através do exercício 1, você terá conhecimento sobre você: sua rotina e seus hábitos falam quem você é. E, para realizar mudanças em sua vida, conhecer-se é fundamental, pois você terá consciência do que gosta e do que não gosta. Assim, sabendo o que quer e quem você é, será mais fácil fazer escolhas conscientes, em invés de pegá-las emprestadas dos conhecidos e familiares. Limitar-se a aceitar as informações e orientações de outras pessoas também é uma escolha.

"Só você pode mudar seu mundo".

Outra forma de se ajudar é aprendendo com pessoas que tenham conquistado o que você deseja, focando em pessoas idôneas. Essa ampliação de conhecimento vai te ajudar a retirar o "véu de Maya". Caso não lembre, Maya é o nome dado a uma deusa indiana que representa a ilusão em todas as suas manifestações. O véu de Maya significa esconder a realidade das coisas em sua essência, e esse véu só cai quando você amplia seus conhecimentos.

Exercício 3: Ampliando conhecimento.

Leia o caderno do exercício 1 e observe o que lhe faz mal. Selecione essa informação.

Busque o básico sobre como os outros te influenciam positiva e negativamente para entender se esse hábito é seu ou se ele foi emprestado a você.

Agora, vamos tornar a mudança de hábito ainda mais fácil

Você já deve ter percebido que, para mudar um hábito, você precisará eliminar ou substituir o existente, não é mesmo? Bom, agora que você fez os exercícios 1, 2 e 3 está na hora de abandonar o "chicote". É isso mesmo! Infelizmente, somos muito rigorosos com nós mesmos e, na menor dificuldade, desistimos e nos punimos. Seja benevolente com você. Use o poder da ação para mudar um hábito de cada vez. Vá aprendendo a assumir responsabilidade por você e seja feliz.

> Só você pode mudar seu mundo.
>
> LEUDA OLIVER

Lilian Vitarelli

Prazer, sou Lilian Vitarelli e tenho 38 anos. Sou filha do Roque e da Maria Alice, irmã do meio da Cristiane e do Rodolfo, tia de sobrinhos maravilhosos, esposa do Alex e mãe de cinco anjos que moram no céu (Laura, Davi, Alexia, Neithan e Isaac). Apaixonada por animais, amante da natureza, amo viajar e estar em conexão com o sagrado.

Sou pós-graduada em Neurociência e graduada em Gestão de Tecnologia da Informação. Além disso, sou *master coach* formada pela Febracis, atuando na linha *Life e Business.* Também sou analista de perfil comportamental, palestrante, escritora, terapeuta, *reikiana* e *female healer.*

lilianvitarelli.coach

(11) 98979-4909

Lilian Vitarelli

Lilian Vitarelli

lilianvitarelli@gmail.com

SUPERANDO SABOTADORES

POR LILIAN VITARELLI

Nasci numa cidade conhecida como "cidade dos exageros", no interior de SP, entre os anos 1980 e 1990. Na época, não existia tudo com facilidade, ao toque dos dedos, como hoje. Porém, a rua era sempre cheia de crianças e todos brincávamos até a primeira mãe chamar para entrar. Meus pais tiveram a alfabetização do primário, e minha mãe sempre incentivou os filhos a terem o estudo que ela não pôde ter. Hoje, todos nós nos formamos no ensino médio, e eu e minha irmã temos pós-graduação.

Durante a maior parte da minha infância eu tive como referência a minha irmã mais velha, que cuidava de mim e do meu irmão para que meus pais pudessem trabalhar. Meu pai é pedreiro e minha mãe, muitas vezes, o ajudava nas obras. Em algumas íamos todos nós. Eu era mimada pelo meu pai, mas me sentia tratada de forma diferente pela minha mãe. Como a maioria das crianças da época, eu aprontava muito e apanhava – isso me trazia ainda mais rebeldia e teimosia.

O tempo passou, eu cresci e minha personalidade forte se fez mais presente. Virei tia e cuidava do meu sobrinho como se fosse meu filho. Eu o levava a vários lugares, muitos dos quais eu mesma estava indo pela primeira vez. Nessa mesma época, o falecimento do meu avô paterno fez com que meu pai se sentisse culpado, bebesse com mais frequência e afastasse todos de perto. Eu, então, me sentia abandonada por pai e mãe, mas o tempo não parava e eu comecei a namorar. Tinha relacionamentos abusivos com brigas, ciúmes e traições. Aos 20 anos decidi sair de casa e, para me manter, trabalhava em dois empregos. Então, após um tempo, aluguei a casa em frente a dos meus pais. Continuei com relacionamentos que fracassavam, inclusive um casamento em que eu sofria, me culpava e sentia vontade de morrer. Achava que aquele era o fim, continuava sangrando minhas feridas e ferindo.

Depois disso, fiquei sozinha por um tempo, pois precisava me curar. Na verdade, nem me via mais em um relacionamento, pois aquele que tinha acabado eu tinha certeza de que seria para a vida inteira. Mas, a busca por ser vista, ter filhos e não conseguir me fazia ainda mais prepotente e orgulhosa. Eu me culpava e cobrava do outro como se eu fosse o homem da relação – eu repetia o padrão de dor e sofrimento. Passado o tempo, conheci alguém de outra cidade, e em pouco mais de um ano engravidei. Com um mês tive um aborto espontâneo.

Eu achava que já sabia o que era dor, mas naquele momento vivenciei o vazio profundo. Descobri mais traições e eu me lembrava das já vividas, então, "perdoei". Meses depois engravidei novamente. Foi nesse momento que meu relacionamento terminou pelo telefone e a empresa em que eu trabalhava fechou e os donos sumiram. Eu estava grávida e sem trabalho, outra vez abandonada.

Mas o universo tinha um outro plano para mim. Em um grupo de WhatsApp, falaram que eu estava solteira (mas mantive a gestação em segredo). Então Alex, meu atual esposo, me chamou no privado, porém não dei muita importância. Eu estava ferida, abandonada e grávida. O que alguém ia de fato querer comigo?

Você já se sentiu assim?

Contei ao Alex que eu não poderia me envolver com ele, pois, eu estava grávida. Ele perguntou do pai do bebê e eu respondi que ele sabia da gestação, e por isso terminou. Alex, então, pediu para ser o padrinho, e eu aceitei. Nos conhecemos pessoalmente na mesma semana. Ele me mandava várias mensagens ao longo do dia, o que eu detestava – nunca gostei de dar explicação, não entendia o que era ser cuidada, pois sempre fiz tudo, decidi tudo, tomei a frente de tudo, só eu fazia tudo perfeito. Dois meses depois eu tive outro aborto espontâneo e, mais uma vez, senti o gosto amargo da frustração, do fracasso e da inutilidade. Depois disso, aceitei Alex na minha vida como meu namorado.

Comecei a trabalhar e decidimos morar juntos. Próximo de um ano, eu engravidei novamente. Sem explicação, o aborto se repetiu, e o mesmo aconteceu com os dois bebês seguintes. Porém, no quarto bebê, ao ouvir uma frase do médico, eu despertei: "só sofre aborto quem engravida". O que isso queria dizer? Os exames diziam que não era algo físico e também não era espiritual (pois eu me conectava com Deus). Então, só podia ser mental e eu era a culpada de tudo. Assim, decidi buscar outra fonte de resposta e conhecimento, além da medicina convencional.

Nessa busca, iniciei cursos na área da inteligência emocional, e a primeira vez que eu ouvi o Paulo Vieira falar que eu tinha a vida que eu merecia ter, eu quis matá-lo. Onde já se viu esse cara falar um absurdo desses? Ele nem me conhece, não faz ideia de tudo que eu já vivi. Ainda assim, segui a jornada. Aos poucos, as fichas iam caindo, cada curso um despertar. No meio do processo, vivi o quinto aborto e pensei em desistir, mas meu coração desejava e ardia por ir além. Eu mesclava cursos de inteligência com outros voltados ao resgate do feminino, pois eu não me aceitava mulher como um ser frágil, submisso, devocional e delicado.

Durante o processo de *coaching* individual, eu fui verdadeiramente transformada e exposta à minha vulnerabilidade. Estava internamente remendada, quebrada e com pedaços espalhados, não me sentia merecedora de sucesso. Pensava que meu trabalho, mesmo sendo ruim, tóxico e machista, era o que eu merecia. Que a maternidade não era algo para mim, que eu não era amada sendo mulher, que eu nunca seria amada por ser quem eu sou, que minhas falhas me definiam, que o julgamento do outro era verdadeiro, que eu era um fracasso e que não fazia nada de modo perfeito, mesmo que eu me esforçasse muito.

No processo, eu me conheci verdadeiramente (na verdade, eu ainda me reconecto dia a dia com a minha real identidade). Entendi que eu dava força e voz aos meus sabotadores, e a cada sessão eu colocava luz na dor e a ressignificava. Aprendi a ter paciência comigo, a me olhar com compaixão e amor, a não desistir de mim, não me comparar, a me aceitar e entender meus limites, me respeitar e, acima de tudo, a reconhecer meus valores e a não os negociar. Aprendi a me ver de maneira consciente, a perceber que não sou a criança rebelde, briguenta, arrogante. Aquela que não engravida porque é ruim. Eu usava rótulos para não ser ferida. Era uma criança que ansiava por atenção e aprontava para ter justamente isso.

Esses sabotadores nos são colocados como verdades na infância e continuam ganhando força na vida adulta. Digo isso pois, mesmo durante o processo, por mais de uma vez eu quis terminar meu casamento, porque eu tentava brigar e não conseguia. Eu destilava raiva e era acolhida com amor e silêncio. Eu rotulava meu esposo como um “banana”, que não brigava, não reagia às provocações. Ele apenas se calava, então eu o feria com palavras. No curso de análise de perfil comportamental conheci o meu perfil e o dele, e só então entendi de maneira profunda a nossa essência. Hoje, temos um relacionamento saudável, sem tentativas de brigas e, sim, de conversas de maneira inteligente. Saí do papel de vítima, no qual tudo o que me aconteceu foi por ação ou omissão, e foi necessário resgatar, amar e fortalecer a criança ferida. Não, eu não deixei de sofrer ou de ter sabotadores, mas hoje eles não me travam ou me limitam na conquista de meus objetivos.

Eu sou forte, corajosa e próspera. Sou mãe de cinco lindos anjos, a quem eu amo e honro. Vivenciei, então, o luto, soltei o choro preso, perdoei, me libertei da culpa e da sensação de inutilidade. Escrevi cartas de agradecimento a cada um deles, depois as queimei para que chegassem ao céu. Aprendi a ser grata pelo aprendizado, perdoei e pedi perdão aos meus pais, fiz as pazes com o meu passado.

Pela primeira vez, tomei posse do controle da minha vida. Após dois anos e meio, larguei um trabalho em que eu não era valorizada por ser mulher. Por muitas vezes briguei e questionei, mas a mudança precisava vir de mim. Portanto, escolher mudar foi desafiador até pela questão financeira: eu era a provedora até então, e meu esposo teria que produzir ainda mais para prover a casa de maneira integral. Esse foi um sabotador desafiador, pois eu deixava de comandar e de ter controle absoluto. Hoje, atuo na área do desenvolvimento humano, auxílio no despertar e mostro que, ao estarmos no papel de vítima e de orgulho, não criamos ou construímos nada novo – apenas repetimos resultados iguais. Coloco luz nos sabotadores, mostro a necessidade de assumirmos o papel de protagonistas das nossas próprias vidas. Mas, também, mostro que para isso ocorrer é preciso estarmos verdadeiramente dispostos a nos despir de nós mesmos para nos reconectarmos a quem de fato somos, e fazermos o que precisa ser feito para mudarmos o resultado.

Muitos dizem ter medo do fracasso, e eu também dizia isso. Porém, nada fazer já é viver no fracasso, e vivemos confortavelmente com isso, boa parte da vida. O que de fato tememos é o sucesso, a possibilidade de sermos vistos e julgados pelo outro. No livro *Picos e vales* existe um trecho que diz assim: "*Também aprendi que tanto os momentos bons como os ruins da minha vida são, verdadeiramente, dádivas, e que cada um deles tem enorme valor, se eu os administrar bem*".

Diante dessa verdade, queria lhe dizer, querido leitor, que se eu consegui enxergar minhas sombras e ressignificá-las, se transformei dor em força, ódio em amor, derrota em vitória e vítima em vencedor, você também consegue. As crenças limitantes nas quais nos fizeram acreditar ao longo da vida não são verdadeiras. Você nasceu para ser abundante, e, se hoje vive algo diferente disso, é preciso tomar uma decisão. Até aqui viveu de intenção de mudar, mas decidir é colocar luz nas sombras, se perdoar, pedir perdão.

Isso causa dor, mas nada se compara ao sentimento de ser livre, pleno, abundante e próspero. Nisso eu posso te ajudar, pois passei por essa situação e hoje supero meus sabotadores: eu os calo todos os dias. Saiba, você não está sozinho na sua jornada: eu te vejo, te respeito e te honro. Beijo no coração, um forte abraço de 40 segundos e até breve.

O que te impede de conquistar o sonho está na decisão que você não toma!

LILIAN VITARELLI

Marco Lameira

Sou Marco Lameira, filho amado de Deus, casado com Arlete e pai do João Pedro, do Lucas e do Rafael. Minha gratidão aos meus pais, Marino e Maria de Lourdes.

Sou *master coach* e analista de perfil comportamental, com mais de 500 horas de atendimento de sessão de *coaching* registradas no SCIS (Sistema utilizado para atendimentos de Coaching por profissionais do Coaching Integral Sistêmico) – potencializando vidas.

Sou formado em Administração, com especialização em Gestão de Negócios e, agora, também escritor.

Ajudo pessoas e empresas a performarem seus resultados com assertividade e constância através da aplicação das ferramentas do *coaching* integral sistêmico – Febracis.

marco.lameira

(51) 98164-4940

lameira.marco@gmail.com

https://linktr.ee/marco.lameira

A FELICIDADE É UMA ESCOLHA

POR MARCO LAMEIRA

Você já percebeu que, até hoje, em nossa jornada existencial, todos os dias fazemos escolhas que determinam nossos resultados? Se isso parece ser algo tão óbvio, o que nos impede de fazer escolhas com mais consciência, nos apropriando verdadeiramente de nossas vidas e potencializando nossos resultados, diariamente?

O negativista logo fechará o livro e sairá resmungando: "Onde já se viu isso? Não é possível", o realista terá dúvidas cruéis e buscará justificativas para não seguir adiante na leitura, até porque ele só lida com a visão das suas próprias lentes da vida. Mas desafio você a continuar a leitura e se permitir um novo olhar para o seu dia a dia, realizando, também, os exercícios que encontrará no final deste capítulo.

A maioria das pessoas leva uma vida baseada na demanda do cotidiano: "Hoje vivo o que aparecer para fazer e amanhã vejo o que terei para realizar". E, assim, os anos vão passando, muitas vezes sem sabor. Entra mês, sai mês e a vida continua como se vivêssemos num *looping*, voltando sempre às mesmas experiências, sejam elas financeiras, sociais, profissionais ou de relacionamentos. Nelas, parece só ter havido a troca das pessoas, e continuamos a viver na mediocridade, num vazio existencial que, muitas vezes, chega a ser preenchido por subterfúgios químicos.

Então, você não suporta mais sua vida e começa a observar ao seu redor os resultados das escolhas que o trouxeram até aqui, e você até se lembra de alguns ensinamentos do tipo "insanidade é querer resultados diferentes realizando as mesmas coisas...". Porém, ainda não sabe muito bem o que verdadeiramente está reverberando dentro de você, emoções que nem imaginava existir passam a incomodar. Você sente no corpo a irritabilidade, indignação, a raiva... talvez sua vontade seja sair correndo, rolar no chão ou, quem sabe, subir o Everest.

Quando, muitas vezes, o seu corpo entra em colapso e você adoece, a causa são certos descompassos emocionais. A imunidade baixa e dá guarida a doenças: ou seja, mente e corpo são um só sistema; o corpo passa a somatizar as emoções nesses casos disfuncionais e manifesta-se a doença.

Uma coisa é certa: a revolução dentro de você iniciou e o que temos é uma busca cognitiva, racionalizando as escolhas de uma forma incansável, para explicar e resolver o seu emocional, o campo dos seus sentimentos.

Mas talvez ninguém, até então, tenha falado para você na possibilidade da felicidade como uma **escolha**; nem seus pais ou quem quer que tenha sido responsável pela sua criação, por mais amor e rigidez na tentativa de tornar você uma pessoa de bem e de sucesso. "Como assim?", você pode estar pensando, "eles deveriam saber disso! Afinal, estavam ali, vieram antes com todo aquele saber e conhecimento para nutrir a base emocional e racional da criança."

Neste momento, convido você a respirar isso. Respire e depois respire mais uma vez – sei o quanto poderá ser difícil o exercício da respiração. Siga respirando e, neste momento, seu cérebro foi inundado de oxigênio, ajudando você a seguir em frente, nivelando suas escolhas para a melhor tomada de decisão.

Lembre-se que seus pais, ou quem foi responsável pela sua criação, são vítimas de outras vítimas, repetindo o mesmo padrão básico de educação e sentimentos que receberam. Tais aprendizados poderiam existir nas escolas, nas mais renomadas academias, mas mesmo assim o discurso da aprendizagem ainda é do tipo "terei tal coisa, estarei em tal situação, com tais pessoas ao meu lado e aí sim terei a felicidade".

Construindo um comportamento baseado na barganha, em um escambo em que só terei a felicidade se receber algo em troca, o pensamento passa a ser: primeiro conseguirei as coisas da vida e assim virá a felicidade. Instala-se, assim, dentro do ser uma verdade, o PhD Paulo Vieira chama essa verdade de crença e toda crença é autorrealizável. O cérebro não distingue o que é real do que é imaginário, portanto, gera este comportamento de primeiro ter e, depois, encontrar a felicidade. Os adágios populares ainda pioram o comportamento com dizeres do tipo: "dinheiro não traz felicidade, manda comprar".

A questão é que não importa se você é um jovem maduro leitor ou um maduro jovem em busca da melhor bússola que o levará primeiramente ao encontro com a felicidade, apresentando o Norte e o ajudando no rumo da sua vida. Porque será justamente quando você tomar fôlego e se lembrar da respiração para dar o primeiro passo rumo às estradas jamais percorridas, que chegará uma mensagem afirmando que "a felicidade não é deste mundo". E assim, a exemplo de um balão que estava cheio e pronto para soltar as amarras mas que passa a murchar quase que instantaneamente, você vai acomodando-se e movimentando a cabeça de cima para baixo, concordando com essa mensagem recebida muitas vezes, na superficialidade do seu significado.

A grande sacada, feita já em 931 a.C. por Salomão, rei de Israel, registrada em Eclesiastes, afirma que jamais a felicidade estará nas coisas, pessoas ou situações externas: ou seja, fora do indivíduo. A questão para reflexão é, portanto: "**se a felicidade não é deste mundo, o que este mundo tem a me oferecer**?". Por que valeria muito continuar a viver aqui?

Neste momento digo a você que encontre um espelho, interrompa por alguns instantes sua leitura e olhe para você como nunca olhou. Talvez tenha vontade de rir ou chorar. Está tudo bem, mas pare de dar desculpas para não ver o ser humano fantástico, filho ou filha de Deus, sem a necessidade de dizer uma única palavra. Simplesmente continue a contemplar sua imagem e a olhar no fundo da sua essência. Por mais desafiadora que possa estar sendo enfrentar uma situação existencial, perceba a essência Crística dentro de você em forma de amor. Permita-se o envolvimento, acalentando e transformando o estado padrão que você aprendeu como verdade, de não sentir o amor-próprio. Permita-se entrar no estado de felicidade que existe dentro de você.

Uma coisa é certa: não foi uma única vez que você, quando criança, se levantou para caminhar e caiu. Mas você tentou novamente e treinou até conseguir sair correndo pela vida. Dessa mesma forma, neste exato momento, um atleta está treinando para conquistar a melhor medalha nas próximas olimpíadas. A felicidade como uma escolha de vida retrata a mesma situação, pois é resultante de um olhar no seu comportamento. Através do treino diário você conseguirá o mesmo ao se relacionar com pessoas, animais e com a natureza, será possível fazer as melhores escolhas com consciência. Assim, certamente, você estará na jornada de uma vida em abundância. "Eu vim para que todos tenham vida, e vida em abundância..." (Jo 10:10).

O que escrevo não é uma pura e simples tese: são 54 anos de experiência e aprendizado constatando fatos, e diante dos fatos não há argumentação, não é verdade? Esse também passou a ser um comportamento aprendido em uma das máximas do Direito. Lembre-se de que não sou advogado, sou *coach* e posso ajudar você no seu crescimento pessoal ou profissional.

Acredite, não estamos neste mundo somente de passagem, para uma simples curtição ou para o sofrimento puro e simples, embora alguns pensem que estamos aqui para isso.

Gostaria de convidá-lo a pensar sobre o assunto e, agora que você tem meu contato, quero saber sua opinião: em que área de sua vida você precisa sorrir antes de conquistar os melhores resultados?

Não é comum ver as pessoas sorrirem na correria do dia a dia. Por outro lado, quando os pensamentos estão muito voltados ao passado, existe o risco da depressão. Ou, quando os pensamentos estão a maior parte do tempo no futuro, a possibilidade de estresse aumenta vertiginosamente, bem como as crises de ansiedade. Então busca-se na medicação convencional a solução mais rápida e, impensadamente, nos esquecemos das consequências que se acumulam no corpo.

Você já olhou para sua área espiritual, a sua conexão com Deus, Alá, Jeová ou outro ser superior, não importa o seu nome? Na sua área familiar, seria a felicidade uma realização de um melhor convívio com seus pais, irmãos? Se você é casado ou casada, existe tempo de qualidade entre vocês para viver com amor, carinho e respeito? Se há filhos, eles estão sendo ensinados a serem felizes para conquistarem e contribuírem com o mundo? Sua saúde: você tem cuidado do seu corpo com alegria, tem feito exames, ido ao médico? Quando se conecta com a sociedade, tem verdadeiros amigos ou ainda sente que não pode confiar nas pessoas? Você percebe a necessidade da sociedade e entende que pode contribuir, mas o fará quando tiver sobrando?

Já reparou que a criança sorri antes mesmo de receber algo e o quanto essa felicidade dela em receber sua atenção preenche nosso coração de emoções sinceras e benfazejas? Quando você olha para sua área intelectual, como você a constrói? Com reclamação, olhares críticos ou com gratidão? O mais interessante é olhar para a área financeira: primeiro, construa a felicidade, pois ela levará à fonte e à inteligência financeira. Você trabalha com aquilo que vibra dentro de você ou aceitou um emprego pelo dinheiro? Uma coisa é certa: pelo dinheiro sairá.

E as suas emoções? Elas estão presentes em todas as áreas da sua vida! O comportamento da felicidade como escolha de vida trará mais clareza e domínio de seus sentimentos.

Agora, convido você a escolher três áreas da sua vida em que gostaria de construir um novo estilo de vida. Em seguida, escreva no mínimo uma ação que nunca tenha feito e agora passará a realizar todos os dias.

Área 1: ______________________________

Ação: ______________________________

____

Área 2: ______________________________

Ação: ______________________________

____

Área 3: ______________________________

Ação: ______________________________

____

Essas novas ações se tornarão um novo estilo de comportamento, com foco primeiro na escolha da felicidade para, então, gerar novos e melhores resultados da sua vida.

A felicidade é uma questão de comportamento na vida

MARCO LAMEIRA

Mariah Silva

Sou Mariah Silva, empreendedora e mentora de moda. Em 2016, criei a minha marca de varejo MACS Modas, na cidade de Guarulhos, em São Paulo. Não satisfeita com os resultados das vendas, em 2018 criei a MACS Modas Atacado, no Brás, também em São Paulo, para lojistas de todo o Brasil. Esse ano, faturei 1.200K apenas com vestidos.

O que me fez ter esse resultado em vendas foi muita fé, resiliência e sabedoria, adquiridas com muito estudo sobre inteligência emocional. Com isso, aprendi os cinco pilares que transformam a vida das pessoas pelas vendas: pessoas, processos, produtos, *marketing* e vendas. Um método memorável de vendas da moda.

mariahsilva.oficial

Mariah Silva

www.mariahhsilva.com.br

SUCESSO NAS VENDAS DA MODA COM INTELIGÊNCIA EMOCIONAL

POR MARIAH SILVA

Sou Mariah Silva, empreendedora e mentora da moda. Tenho 46 anos, sou casada com Marcio Weber, mãe do Gustavo e vó do Bento e do Bernardo. Possuo 20 anos de experiência no mundo corporativo e estou há sete anos empreendendo no mundo da moda. Sou criadora das marcas MACS Modas Atacado – física e *online* – e GAMM Modas Varejo *online*.

Sou uma mulher de muita fé e palavra; acredito que não existem resultados sem coragem e ação, o que nos leva à disciplina e à constância. Esses são valores que estão ligados à minha vida e aos meus negócios. Para mim, palavra dada é palavra mantida, isso se você deseja receber as benções divinas!

Eu sempre soube que, independentemente dos meus princípios, a vida e as vendas só fazem sentido se estivermos no caminho certo.

Apaixonada por pessoas e vendas, iniciei minha carreira em vendas com o meu próprio negócio – foi quando soube que tinha tanto amor e talento para isso. Quando decidi me especializar em vendas da moda, comecei a estudar sobre fazer cursos, mentorias, ler livros e ir em palestras. Minha paixão, então, aumentava cada dia mais. Também estudei sobre o comportamento humano e apliquei as habilidades emocionais e técnicas no meu próprio negócio da moda. Por isso, eu não desisti em 2019.

Refazendo a rota, foi preciso muita inteligência emocional. Tive que refazer a rota várias vezes para ter novas ideias e estratégias bem definidas. Tudo isso me fez ter hábitos e pensamentos de positividade, para ter coragem de agir todos os dias e ter resultados de vendas diárias. Desde 2019, iniciei a implantação de vendas *online* na loja, porque sabia que, com as mudanças que a internet nos trouxe e os novos comportamentos dos consumidores, eu teria que deixar a minha marca MACS Modas mais próxima das vendas. Assim, nada como levá-la para avenida mais movimentada do mundo: a internet.

No período da pandemia da Covid-19, exatamente a partir de 20 de março de 2020, eu trabalhei com tudo a minha inteligência emocional: controlando minhas emoções, tendo muita coragem, ação, fé e foco, além de muito comprometimento. Eu batia recordes de vendas na minha loja, onde, em 24 horas, vendi 272 peças do *chemise* Rafaela, confeccionado em três lindas cores que foram um sucesso. Isso fez a minha marca ser ainda mais conhecida no mercado. Os valores que me fizeram chegar a esse resultado foram a minha fé, coragem e ação.

Nasci na Bahia, em 10 de fevereiro de 1976, de origem humilde, na cidade de Vereda. Minha vó materna fez o meu parto em meio à roça na qual minha mãe trabalhava, no sol de 30 graus daquele pequeno vilarejo. Quando tinha 2 anos, meus pais se mudaram para São Paulo.

Em 1978, meus pais vieram para São Paulo, onde fui criada na periferia de Guarulhos, com muitos valores e princípios (esse foi o maior legado dos meus pais, meus principais mentores). Eu os ajudava a cuidar da casa e dos meus cinco irmãos e duas irmãs, me sobrando pouco tempo para estudar. Por isso, comecei a trabalhar muito cedo. Em 1991, aos 15 anos, fui arrematadeira em uma pequena loja de jeans, no Brás. Nesse mesmo ano, conheci o Mauricio, me apaixonei, começamos a namorar, engravidei e nos casamos. Mas eu não estava preparada emocionalmente e, por isso, meu casamento durou apenas seis anos. Então, com 21 anos me separei, retornando para a casa dos meus pais.

Ali, acostumada desde a infância com o pouco dinheiro que meu pai conseguia como pedreiro e minha mãe como ajudante geral de limpeza, comecei uma nova vida com muita fé, coragem e ação. A única coisa que sabia era que queria vencer na vida – ainda não sabia o caminho, só caminhei.

Com a ajuda dos meus pais, em 2002 pude cursar Administração de Empresas pela Universidade Cruzeiro do Sul. Mesmo com tantas dificuldades, tive a coragem de dar o primeiro passo para um novo ciclo. Então, para ajudar a pagar a faculdade, eu vendia camisetas para completar o valor da mensalidade. Ali, no segundo ano, inesperadamente, consegui um estágio na área de planejamento e custos na Tivit (Tecnologia no centro empresarial de São Paulo), e assim, iniciei minha jornada corporativa em grandes multinacionais, alcançando posições de prestígio e responsabilidade.

Depois de tanto esforço, trabalho e dedicação, aos 30 anos conquistei meu primeiro apartamento e carro, e ali iniciava uma vida próspera. Porém, mesmo depois do meu sucesso profissional e financeiro, eu não me sentia realizada, motivada ou nem sequer saudável. O sentimento era de sufoco e esgotamento. Tudo isso acabou culminando em um delicado processo de cateterismo que tive que passar com apenas 39 anos. Só então percebi que aquilo não era mais o que queria para minha vida profissional e, logo, fui demitida.

1. Quem é Mariah?

Sou uma mulher de fé, coragem de ação, com atitude e persistência.

Em fevereiro de 2016, às 10 horas, naquele escritório luxuoso em Pinheiros, na Empresa Odebrecht, eu fui demitida. Ali, naquele momento, eu decidi que não queria mais ficar em um escritório, trabalhando horas e horas. Ali, encerrei um ciclo e decidi que queria empreender. Como estava tendo uma feira do empreendedor no Anhembi em São Paulo, resolvi sair de lá com 100 reais em brincos. No dia seguinte, já tinha vendido tudo. Voltei novamente à feira e comprei mais 200 reais, vendendo de novo rapidamente. Assim, segui nesse ramo por algum tempo. O sucesso em vender bijuterias me levou também a vender roupas. Então, com muito incentivo do meu filho Gustavo, da minha nora Daniela e do meu namorado na época, Marcio Tavares, nasceu a minha primeira empresa: a MACS Boutique e Acessórios. Nela, eu vendia brincos e roupas, o que fez com que eu me encantasse ainda mais com a moda, que já era uma das minhas paixões.

Em 2014 conheci o Marcio que, hoje, é meu marido e sócio. Ele foi um dos anjos que me ajudou a enfrentar todos os caminhos que tracei no mundo do empreendedorismo. Mais adiante, já em 2018, criei a minha marca própria, a MACS Modas, de atacado de roupa feminina. Com ela, hoje confecciono e vendo para 87% do Brasil e ajudo mais de 9000 clientes, entre lojistas e revendedoras, a prosperar nesse fantástico mundo da moda. Na pandemia, como vários empreendedores, tive que me reinventar e, assim, criei a GAMM Modas varejo *online*, por meio da qual levo conforto, estilo, elegância e sofisticação diretamente para o consumidor final. O que me fez chegar aqui foi a fé, a coragem e a ação, com muita dedicação, persistência e resiliência.

Mas não pense que a transição foi fácil. Gradualmente, fui transferindo meu conhecimento corporativo para o mundo do empreendedorismo da moda e, com perseverança, conquistei meu sucesso.

Meu lema é: se eu posso, você também pode, basta ter coragem e ação.

Eu me emociono cada vez que recordo quando comecei: indo à feira do empreendedor, no Anhembi, aqui em São Paulo, em 20 de fevereiro de 2016. Essa feira tinha por objetivo ajudar quem queria montar o próprio negócio. Havia lá milhares de pessoas, a maioria desempregada, e eu estava entre elas.

Andando pela feira com meu esposo, não sabia muito o que fazer no meio daquela multidão toda. E adivinhem: fui entrevistada e a reportagem saiu no Jornal Nacional. Gente, que emoção... "mãe, eu tô na Globo!" Ah... se você quer uma prova, então assiste ao vídeo que você vai me ver lá: **Link e vídeo da reportagem (para o e-book)** *http://g1.globo.com/jornal-nacional/noticia/2016/02/feira-em-sao-pauloajuda-quem-quer-montar-o-proprio-negocio.html* .

Então, depois disso, vivi muitos momentos incríveis: participação em grandes eventos da moda no Brasil, como a *Fashion Week,* e momentos no exterior, participando do *Fashion District* e *do Fashion Center,* em Nova York.

Tive a grata satisfação e a honra de participar de reportagens e entrevistas para a Rede Globo, Rede Record e outras emissoras. Também dei entrevista para a Folha de São Paulo e revistas. Participei de grandes eventos de empreendedorismo no Brasil, dentre eles o mais incrível: Mulher Brilhante, em que tive o prazer de estar com o maior ícone de empreendedorismo do Brasil, Kênia Gama.

Valores que orientam

Todo o momento, haverá uma situação tentando comprar nossos valores. Entendi que quando temos a **coragem** de fazer o que amamos, o nosso coração pulsa. Não faz sentindo algum trabalhar com algo que você não veio ao mundo para fazer. Eu não troco o meu mundo de ser multiempreendedora para voltar a viver em um mundo corporativo ao qual eu não pertenço.

Liberdade, propósito e fazer o que amo são os valores que me movem e dos quais eu não abro mão, ao empreender no mundo da moda.

Missão e propósito

Ajudar a transformar a mentalidade de mulheres que têm o sonho de atuar no mundo da moda, ativando e desenvolvendo em si habilidades técnicas e emocionais de vendas. Assim, elas podem conquistar a sua independência financeira e o sucesso desejado através do método que criei. Após tê-lo aplicado no meu negócio, ele trouxe para mim grandes resultados.

Eu quero estimular lojistas da moda e profissionais a área de vendas a adotar uma abordagem holística ao diagnosticar problemas de vendas. Desse modo, eles podem controlar suas emoções e ter seus resultados contratando equipes comerciais de vendas que realmente fecham negócios, vendendo moda todos os dias com os métodos memoráveis de vendas da moda.

Tais métodos são aplicados todos os dias em meus negócios e com minha equipe comercial de vendas da moda:

MM10 – Mulheres da moda que faturam 10 mil reais em 40 dias!

VMTD – Venda moda todo dia, seja na sua loja física ou online!

Saiba como desenvolver seu controle emocional. Controle suas emoções e ouça mais o seu cliente. Seu equilíbrio emocional e sua prática proporcionarão resultados de vendas mais eficientes. O controle emocional é essencial para o sucesso nas vendas da moda.

O relacionamento do mundo das vendas não morreu, ele apenas evoluiu. Então, se você quer ter poder nesse mundo novo das vendas, você precisa de mentores e conselhos de profissionais que viveram e vivem essa experiência, assim como eu, Mariah Silva.

Venda é questão de coragem,
ação e inteligência emocional.

MARIAH SILVA

Mariana Martins

Sou Mariana Martins, filha amada de Deus e dos meus pais, mãe apaixonada e "sortuda" do Gabriel, noiva apaixonada do Marcus Vinícius e profissional com mais de 20 anos de carreira nas áreas de hotelaria e vendas.

Sou executiva de novos negócios e gerente de território em uma das maiores empresas de tecnologia do mundo, a *Google*.

Atuo como *advisor*, mentora e *master coach* integral sistêmico, formada pela empresa de coaching Febracis. Ajudo pessoas e empresas a acelerarem seus resultados por meio do autoconhecimento, gerando conexões poderosas e obtendo resultados extraordinários. Sou apaixonada por gente, vendas, carreiras e um bom *storytelling.*

marianamartinsmas

Mariana Martins

marianamartins@outliersbr.io

www.outliersbr.io

TODOS PRECISAMOS DE UMA VISÃO POSITIVA DE FUTURO

POR MARIANA MARTINS

Durante muito tempo da minha vida, eu pensei que a visão positiva de futuro era opcional e acreditei que não precisava criar a minha própria visão de futuro intencionalmente.

Iniciei a minha carreira relativamente cedo. Sou de uma cidade do interior de São Paulo com 90 mil habitantes que, além de ser pequena, é uma estância turística. Ali, as possibilidades de crescimento profissional eram limitadas à hotelaria, ao turismo e ao varejo. Ingressei na hotelaria por necessidade, mas com muita paixão por pessoas e, mesmo com toda vontade, dedicação e excelência em tudo o que fazia, não estava satisfeita com os resultados e com meu estilo de vida.

Percebi que algo estava errado e não fazia sentido adaptar os meus sonhos à realidade da cidade e suas oportunidades. Entendi que precisava mudar a direção, se quisesse resultados melhores, além do estilo de vida que sonhava. Pensava que eu deveria ser a CEO da minha própria carreira.

Nessa busca incessante por mudança, entendi que precisava desenvolver a minha visão positiva de futuro. Assim, o que apresentarei nas próximas páginas é exatamente como eu trouxe essa visão para a minha vida, na prática. Falarei sobre como consegui desenvolver habilidades que já existiam dentro de mim (e que existem dentro de você também!), para definir a minha visão positiva de futuro. Desse modo, aprendi a viver todos os dias olhando para a frente por meio dessa visão, ao guiar os pensamentos e as ações do presente.

A primeira coisa que aprendi ao longo da caminhada foi que o nosso cérebro funciona primariamente através da visão – seja por meio do que os olhos veem, do que a memória lembra ou da imaginação. Parece uma ideia abstrata, mas o cérebro humano tem o poder de gerar um caminho neural para que os objetivos sejam alcançados. Logo, você não terá uma vida realmente extraordinária enquanto não criar uma "visão positiva de futuro". Quando você cria a visão positiva do futuro da sua vida, cria também um mundo de possibilidades dentro e fora de si. É o mesmo que pensar e focar no futuro, na solução que vem depois da visão. E quando a visão muda, mudam também o comportamento e os resultados. Antes de seguirmos para o próximo tópico, responda com sinceridade:

Para onde você tem olhado com seus olhos físicos?

O que você tem lembrado em suas memórias?

Como você tem usado sua imaginação?

Depois de entender o funcionamento do cérebro humano, pude compreender o que conta o escritor e psicólogo Viktor Frankl sobre sua experiência nos campos de concentração nazistas, no livro *Em busca de sentido.* Na obra, ele relata que conseguiu identificar uma característica compartilhada por todas as pessoas que sobreviveram nos campos. Ao contrário do que se esperava, os mais bem-sucedidos não eram os mais fortes, os mais corajosos ou os mais inteligentes: eram os que conseguiram manter uma visão positiva e otimista de futuro, em meio ao caos. Portanto, ter uma visão clara e positiva do seu futuro muda seu foco das dores do passado e o transporta para o presente, com esperança. E a esperança é um ingrediente extraordinário de motivação.

O terceiro tema mais importante que aprendi foi que precisamos dar uma imagem ao cérebro, que então reunirá energias para alcançá-la; é a fé traduzida na prática. Imagine o seguinte: você está com fome e seu estômago lhe dá esse sinal. Em seguida, seu cérebro puxa da memória a imagem da comida que quer ou que tem disponível para comer naquele momento. Aqui, inicia o processo de busca daquela comida, sua preparação, ingestão, e, finalmente, a fome saciada. Trata-se de um processo com início, meio e fim. Se não houvesse aquela imagem na sua mente, guardada no "banco de dados" que contém todos os alimentos que você já viu e provou desde que nasceu, você não saberia o que fazer com a sua fome. Isso explica também por que não teria vontade de comer uma comida jamais vista. Esse exemplo ilustra bem como funciona a fé, que segue exatamente o mesmo processo. A fé vê com os olhos da imaginação, alimentada pela palavra de Deus, aquilo que ela quer.

"Ora, a fé é a certeza de coisas que se esperam, a convicção de fatos que não se veem. Pois, pela fé, o visível veio a existir das coisas que não aparecem."

(Hebreus 11.1-3).

O quarto e último tópico mais relevante que aprendi na minha jornada foi a física quântica, no treinamento método CIS. A nossa decisão consciente sobre a forma como observamos um elétron irá determinar as propriedades e posições dele, de forma que o elétron não possui propriedades objetivas que independem da nossa mente.

Então, o ato de observar se confunde com a criação da própria realidade. É necessário ter um observador para que a realidade seja criada. Quanto mais focado em ver (racional e emocionalmente) certa realidade, mais rápida e profundamente ela será criada. Tudo isso acontece porque não enxergamos com os olhos da face, mas com os olhos da mente. Para os seres humanos, a porta de entrada para a observação é a percepção, que é determinada pelas crenças que as pessoas possuem. Sempre fui avessa à sorte e ao azar, e entendi que, na verdade, sorte é tudo aquilo que fazemos e produzimos de bom e não sabíamos explicar. Da mesma forma, o azar é tudo aquilo que fazemos e produzimos de ruim e não sabíamos explicar. No final, a maior parte do que atraímos e produzimos acontece por omissão, por não termos uma visão ousada, clara e positiva do futuro. Portanto, ter essa visão positiva é um diferencial para alcançar a alta performance. Pessoas que não agem dessa forma acabam subutilizando seu cérebro.

Agora que compartilhei os principais aprendizados da minha trajetória, quero te convidar, primeiro, a reconstruir o ditado popular bastante conhecido "querer é poder", pois não basta querer, é preciso mais. Por isso, "querer, planejar, preparar-se e agir são superpoderes!". Em segundo lugar, convido você a criar a sua visão positiva de futuro, que é o primeiro passo para viver plenamente o presente e criar um futuro extraordinário – afinal, fomos criados à imagem e semelhança de Deus. Absorver essa visão em seu subconsciente fará com que você se comporte, pense e sinta com foco e ação na direção da sua visão e de seus objetivos.

Mesmo com medo do futuro (sim, ele existe), o exercício de criar a minha visão positiva de futuro constantemente (faço isso desde 2013!) me fez desenvolver a coragem necessária para buscar e enfrentar o que fosse preciso na minha caminhada em prol do futuro que almejava e que almejo. Também, aprimorei competências e habilidades que, além de terem sido uma virada de chave nos meus resultados, são extremamente necessárias no ambiente de trabalho, nos dias atuais. São elas: a assertividade, a concentração, organização, ousadia, paciência, persistência, o comando, o comprometimento, o planejamento e a prudência – por isso, a minha paixão pela preparação e pelas pessoas só aumenta!

Chegou a hora de colocar esse conhecimento em prática, e eu vou te ajudar a ter uma visão positiva para a sua vida. Então, mãos à obra, ou melhor, à caneta e ao papel. Vamos aos três passos fundamentais para definir e criar a sua visão positiva de futuro e viver a plenitude de vida dos seus sonhos mais ousados:

1. Faça uma lista de todas as coisas que gostaria de ser, fazer ou ter na sua vida. Para que esse exercício seja feito com excelência, ore a Deus com sinceridade e humildade e peça que Ele abra seu entendimento, guie seus pensamentos e ajude-o a formar uma visão para a sua vida. Escreva sobre todas as áreas de sua vida: familiar, sentimental, espiritual, financeira, educacional, saúde, carreira, negócios etc. Eu te ajudo com um modelo pronto para criar a sua lista: basta acessar meu site e imprimir esse modelo.

2. Agora, é hora de fazer uma viagem ao futuro, e é você quem determina a data. Um ano a partir de hoje, 18 meses, dois, cinco anos: você escolhe. Para quem nunca fez isso, a minha recomendação é a de que comece com um ano. Seu meio de transporte será a sua imaginação! Entre em seu quarto, escritório ou em qualquer lugar em que não seja interrompido, e sem celular também! Tenha caneta e papel. Se tiver um calendário à mão, abra-o na data escolhida. Feche os olhos e comece a imaginar a vida que você quer ter naquela data. Comece a falar em voz audível tudo o que vê pelos olhos da sua fé. Não fique só na imaginação, fale em voz alta. Esse passo é muito importante. Quanto mais detalhadas e vívidas forem as imagens que vê, melhor e mais cirúrgico será o resultado. Você precisa realmente fechar os olhos e imaginar o que quer que seja verdade na sua vida, naquela data. É como se sua vida fosse um filme e você fosse o roteirista e diretor. Depois de imaginar e descrever sua vida em voz alta, coloque essas imagens em palavras no papel. Se tiver um gravador, melhor ainda: quando estiver imaginando e falando, grave sua voz. Depois, apenas ouça a si mesmo na gravação e vá escrevendo os pontos principais.

3. Monte o seu mural da visão extraordinária. Estabelecer essa visão fotográfica da vida que você ainda não tem te leva de um estado de vitimização à ação e ao comando de sua vida. Esse é o poder que o mural da vida extraordinária tem no seu cérebro no dia a dia. Portanto:

a) busque imagens na internet que representem seus objetivos;

b) selecione essas imagens, imprima todas elas e coloque-as em seu mural; e

c) cole-o na porta do seu banheiro, pelo lado de dentro.

Plenitude é a totalidade, integridade, o que é inteiro, completo. Uma vida plena é a vontade de Deus, disponível para todos nós, e você também pode viver em plenitude e abundância, experimentando os mais extraordinários dias. Portanto, comece agora mesmo a plantar a semente do seu amanhã ao criar uma visão positiva de futuro para a sua vida. Elabore o roteiro para o melhor filme da história: a sua vida extraordinária.

Acesse por aqui o meu site

> Seus maiores e melhores resultados vêm de escolhas intencionais e congruentes, da qualidade de sua visão positiva de futuro e do seu comprometimento consigo mesmo.
>
> Mariana Martins

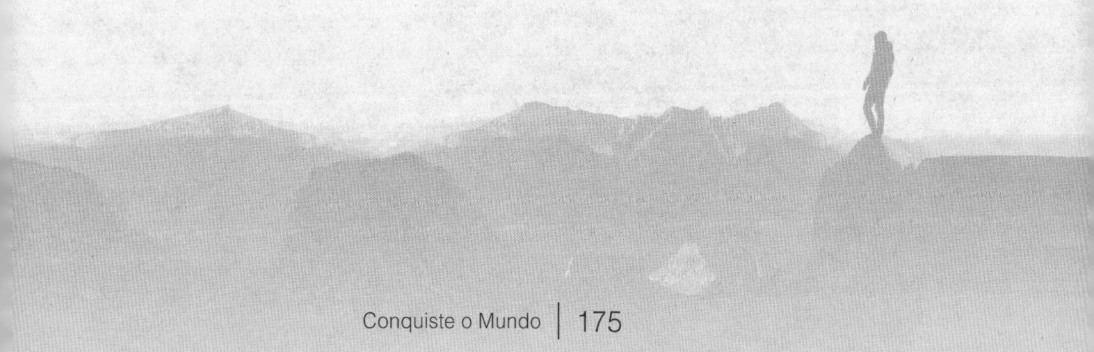

AUMENTE A SUA

MAX PIERRE

Max Pierre é casado com Vanda e pai das princesas Lorena, Amanda e Alice. Bacharel em Administração, Contabilidade e Teologia.

É *coach* integral sistêmico. Apaixonado por desenvolvimento pessoal, encontrou nessa temática uma ferramenta para o crescimento profissional e financeiro que norteia sua família, e que o tem guiado em seu propósito de contribuir para que famílias desenvolvam qualidade de vida nas áreas emocional, física e financeira.

Empreendedor desde os 12 anos de idade e endividado profissional aos 25, conseguiu reavaliar seus padrões pessoais de vida, colocando em prática estratégias que serão discutidas com você nas próximas páginas.

maxpierre01

Max Pierre Fernandes

Max Pierre Fernandes

www.maximodesenvolvimento.com.br

SISTEMA DE RECOMPENSA ATIVADO

POR MAX PIERRE

Já faz um certo tempo que essa história aconteceu, mas preciso contá-la a fim de que sirva de pano de fundo para o ensino que acredito ser imprescindível para qualquer um que queira conquistar espaços mais ousados.

Eu tinha 12 anos de idade, meus pais estavam separados havia pouco tempo e, como nunca fora diferente, a situação financeira em nossa casa não era das mais folgadas. Mesmo assim, estava chegando o dia de um acampamento de adolescentes da igreja que frequentava, e eu queria muito ir; afinal de contas, seria meu primeiro acampamento.

Conversei com dona Regina, minha mãe. Falei dos valores envolvidos e logo ouvi o seu amoroso não, com toda explicação que envolvia a situação financeira e o que precisava ser feito para que aquele valor fosse levantado. Alguns dias depois, percebendo minha aparente decepção, minha mãe sugeriu uma possibilidade: ela vendia cosméticos, e tinha um certo estoque. Então, me cederia o seu estoque, e o que eu vendesse era meu, para a viagem do acampamento.

Não fazia ideia do conceito de estoque, custo de mercadoria, despesas ou lucro de venda: o que importava era que o que eu vendesse seria meu para ir ao acampamento. Saí imediatamente para aquela missão. A cada venda, uma pequena celebração, uma nova venda, mais uma celebração. Assim, no intervalo de uma semana, estava com o valor necessário levantado, e a viagem, garantida.

Eu não fazia ideia do que aconteceu em meu pequeno cérebro, mas o que aprendi é que sempre que realizava uma venda, queria vivenciar aquela experiência novamente, até conquistar a meta estabelecida. No ano seguinte, nem pensei duas vezes: ao chegarem as informações do novo acampamento, já busquei dona Regina, com a proposta de retomar as vendas e conquistar o valor que precisava.

Anos mais tarde, já em minha vida adulta, me tornei triatleta amador.

Se você não conhece o que um triatleta faz, lhe conto agora: triatleta é um ser quase insano, que se coloca no desafio de nadar, pedalar e correr em uma mesma competição. Ele deve praticar 1900 metros de natação, 90 quilômetros de ciclismo e 21 quilômetros de corrida seguidos, sem intervalos. Para conseguir essa façanha em uma competição, são meses de constantes treinamentos. E preciso confessar que a vontade de desistir nos persegue a cada momento.

Portanto, no meu início como triatleta, era muito difícil manter a disciplina de treinos – não sabia ao certo porque estava treinando e praticando aquela modalidade, mas seguia firme até conhecer uma fórmula que fosse semelhante àquilo que vivenciava na adolescência, em que celebrava cada venda; dessa vez, a celebração de cada treino concluído. Em um ciclo de treinamento para um meio *Ironman* (o nome dado para a competição que mencionei acima), são necessários cerca de quatro meses de treinos – muitas vezes, sem nem um dia de descanso pleno na semana. Na maioria dos casos, são dois treinos diários. Mas lembre-se de que sou triatleta amador, não faço isso profissionalmente. Além da rotina de treinos, continuo sendo profissional em minha área de atuação, sou estudante, pai, esposo e amigo, preciso cumprir toda essa agenda.

A cada treino, uma pequena celebração: "Isso garoto, você conseguiu, mais um treino bom, hein?". Mais uma vez, não fazia ideia do que isso estava gerando em minha mente, até conhecer o que a ciência compreende como sistema de recompensa. Foi quando descobri que podemos "enganar" nosso cérebro, para que nossos objetivos mais ousados e estrategicamente estabelecidos possam ser atingidos, de modo que nossas habilidades e competências sejam desenvolvidas com mais eficiência, em direção às conquistas do que sonhamos.

Nosso cérebro tem a tendência de gostar do que é bom. Dentre os neurotransmissores que possuímos, destaco a dopamina, um neurotransmissor ligado ao prazer e às realizações, e que está intimamente conectado com esses dois momentos de minha vida e suas respectivas conquistas. Sempre que ativada, a dopamina enche o nosso organismo de realização, satisfação e prazer, e eu vou te explicar como isso acontece e como podemos usar esse mecanismo ao nosso favor.

Sempre que eu fazia uma venda ou concluía um treino, me alegrava por estar mais perto de meu objetivo maior; então, eu liberava de maneira natural a dopamina no núcleo accumbens, que a neurociência reconhece como "o centro do prazer". Ele se localiza numa posição central e interior do cérebro e, dentre outras coisas, cumpre funções emocionais e motivacionais – o que também é popularmente conhecido como sistema de recompensa ou centro de prazer.

Para que tenhamos uma ideia, o núcleo accumbens é associado a uma ampla cama de prazer ou local de ação de muitas drogas psicoativas. Acredita-se que ele tenha um papel fundamental na euforia produzida por essas substâncias.

Cada vez que realizava uma ação vitoriosa e, com ela, tinha uma celebração, meu cérebro entendia aquilo como algo prazeroso: a ação ou o seu efeito gerava prazer, levando dopamina ao meu sistema de recompensa. Esse sistema busca entender qual foi a ação que gerou esse prazer e, quando identifica essa ação, gera uma memória que indica que aquele comportamento gera satisfação para mim. O sistema de recompensa ativa a memória de que aquela ação leva a uma celebração, que por sua vez provoca prazer. Dessa forma, temos um aprendizado em que associamos uma determinada ação com o prazer. Nasce, assim, a motivação para continuarmos agindo para, cada vez mais, chegarmos mais perto da realização.

Por mais que as ações que praticamos algumas vezes não sejam necessariamente prazerosas, em sua essência, o fruto daquela atividade gera prazer. Por exemplo, realizar um trabalho pesado, passar horas a fio em frente a um computador, pode não produzir prazer algum, mas como essas atividades geram retorno financeiro – e disso sim, você gosta –, seu sistema de recompensa atua fortalecendo essa ação como prazerosa, indiretamente.

Mas então você me pergunta: "Max, como posso utilizar o sistema de recompensa a meu favor?". A resposta é fácil: alimentado seu sistema de recompensa com dopamina a cada realização das etapas para conquistar seu objetivo mais ousado. Funciona como um pacote de benefícios que um colaborador pode receber, caso atinja uma meta específica. Pense comigo: um funcionário chamado João é representante comercial – ele não tem carro próprio ou plano de saúde para sua família –, mas a empresa para a qual ele trabalha impõe uma meta. Caso ele atinja o faturamento mensal de 500 mil reais por mês, a empresa irá disponibilizar para ele um veículo e um plano de saúde familiar e João faz sempre um esforço imenso para honrar essa meta, pois não quer perder esses benefícios (recompensa). Por outro lado, a empresa, para lhe oferecer tais recompensas (que geram custo), precisa desse valor em vendas. Nosso organismo, o sistema de recompensa (núcleo accumbens), necessita dos estímulos corretos para continuar gerando o prazer que desfrutamos, a sensação de excitação e alegria.

O que quero compartilhar com você é que, assim como aconteceu comigo, você deve treinar, domesticar seu cérebro para suas conquistas e agir de forma intencional em direção aos seus maiores sonhos. Por isso, irei compartilhar três passos que segui de maneira inconsciente em minha infância e durante os treinos para cada competição e, que, estrategicamente, utilizo para as conquistas profissionais e financeiras desde que compreendi como tudo funciona em nossa cabeça.

Saiba o que você não quer e, claramente, o que você quer! É a tão conhecida **meta**, o primeiro passo para nossas conquistas. Precisamos, portanto, ativar nosso sistema de recompensa de maneira intencional, tendo clareza do que queremos. Tornar nossos objetivos claros facilitará o estabelecimento de um passo a passo para atingir esse objetivo. Sabendo esse passo a passo, fica mais fácil você estabelecer um plano de ação para então ativar os gatilhos de recompensa e dopamina.

Após a meta estabelecida, crie pequenas etapas para conquistar esse objetivo maior. Uma preparação para o *Ironman* precisa de quatro meses de treinos. Esses quatro meses serão 12 semanas. Em 12 semanas teremos de 10 a 12 treinos semanais. São as pequenas etapas, e, ao final de cada etapa concluída com sucesso, uma celebração. Eu, sou motivado por reconhecimento e validação positiva – sempre que concluía uma pequena etapa, eu realizava pequenas celebrações, nem que fosse um grito de alegria, um sorriso mais expressivo no rosto.

Temos a tendência de desanimar quando não concluímos objetivos e a nos alegrar quando realizamos aquilo que nos propomos a fazer. O segredo aqui é diminuir as chances de desânimo e amplificar as oportunidades de celebração. Eu celebrava cada venda, ou cada treino realizado, não passava o dia olhando para a meta completa. Me dedicava a olhar aquele próximo pequeno passo, que, ao ser cumprido, me traria um imenso sentimento de realização. Então, crie celebrações, traga alegria de maneira intencional à sua mente, criando, assim, memórias de realização, conquista e alegria, mesmo que seja por pequenas etapas concluídas. Considero esse último passo a cereja do bolo: você implantará em você mesmo um padrão de realização, que fará com que você o busque com mais frequência. Desse modo, como você fatiou sua meta em pequenos passos, cada etapa concluída vira uma celebração, uma dose de dopamina. Assim, você chegará cada vez mais próximo de sua conquista mais ousada.

Nossos sonhos, nossas metas e nossos objetivos têm todas as condições de serem realizados. Treinando nosso cérebro para gerar conquistas, perceberemos que o céu é o limite e que praticamente nada irá nos parar. Aquilo que nos trava e imobiliza poderá ser reprogramado, e então desfrutarmos do sucesso e da conquista.

> Treinando nosso cérebro para conquistas, perceberemos que o céu é o limite
>
> Max Pierre

Mônica Botton

Sou Mônica Botton, filha amada de Deus, esposa do Éverton e mãe de Lorenzo e Isabely. Moro em Miraguaí (RS).

Profissional da área da educação física, tenho experiência na educação física escolar, sou preparadora física de uma equipe de futebol feminino, *personal trainer* e trabalho com saúde de idosos.

Sou formada em *Coaching* Integral Sistêmico e palestrante pela Febracis. Amo inspirar mulheres a cuidarem da sua autoestima, resgatarem a autoconfiança e serem mais empoderadas.

Meu propósito é impactar pessoas e propor reflexões sobre a importância de uma vida equilibrada, olhando sempre para a saúde física, mental e espiritual.

monica.botton
(55) 99915-1799
monicabotton01@hotmail.com

INVISTA NA SUA SAÚDE

POR MÔNICA BOTTON

Por muito tempo, a maioria das pessoas não costumava dar importância para a saúde, tampouco cuidavam dela. Muitas vezes, era costume pensar que esse cuidado teria apenas fins estéticos, ignorando o seu real conceito.

A Organização Mundial da Saúde, em 1946, definiu saúde como um estado de completo bem-estar físico, mental e social, ou seja: ela vai muito além de ausência de doença e nos faz refletir sobre vários aspectos. A doença não deve ser pensada a partir somente de componentes morfológicos e funcionais, ou seja, o corpo não pode ser desconectado do conjunto de relações que constituem o sentido da vida. Sendo assim, as práticas de saúde envolvem o homem no sentido global e não apenas seus órgãos, com suas respectivas funções.

As consequências de uma vida moderna nos permitiram muitos avanços mas, ao mesmo tempo, desafios: temos à nossa disposição elevador, automóvel, escada rolante, controle remoto e celulares cada vez mais modernos, dentre outros avanços. Esses meios nos proporcionaram conforto e comodidade, porém, trouxeram também o sedentarismo, representando nos dias atuais, um dos maiores desafios da saúde pública.

Com essas comodidades e facilidades vieram, também, muitas enfermidades que são cada vez mais presentes em nossa sociedade, tais como: doenças cardiovasculares, obesidade, hipertensão, estresse etc. Todas elas estão associadas a uma péssima qualidade de vida no que se refere à inatividade e à alimentação da maioria das pessoas. E tem mais: muitas doenças que atingem a população são causadas principalmente por maus hábitos.

Outro fator importante a ser lembrado é que, durante a pandemia, muitas pessoas sofreram ou nem sobreviveram por estarem, principalmente, com sua saúde física e mental debilitadas. Algumas por excesso de peso ou por doenças associadas à obesidade ou por não estarem física ou mentalmente preparadas para enfrentar o momento.

Com isso, caro leitor, quero convidar você a uma reflexão sobre os cuidados com a sua saúde. Lembro aqui, mais uma vez, que ela precisa ser pensada nos mais diferentes aspectos: qualidade de vida, longevidade, área física, emocional, social e cognitiva. Devemos estar conscientes de que o destino dela é fácil de se prever, pois é só olhar para nós mesmos, para os nossos hábitos, nosso corpo e nossos relacionamentos, como sementes de um futuro que estamos semeando e que pode estar bem próximo.

Sou uma pessoa como você, e por muito tempo não priorizei esses cuidados. Mesmo sendo profissional de educação física, deixava a minha saúde de lado, até que um dia parei para olhar para mim, para o meu cenário, e percebi que só me preocupava em trabalhar. Chegava em casa e não tinha tempo de qualidade nem para mim e nem para a minha família. Então, percebi meu esgotamento físico e meu péssimo humor. Estava sem ânimo, abalada emocionalmente, sem uma rotina, sem foco e com muitos hábitos errados.

Diante desse cenário, comecei a me questionar: do que adiantava só correr atrás do trabalho, do dinheiro e não ter saúde para cuidar de mim e da minha família? Olhei também para os meus familiares, principalmente meus pais, avós e tios. Eles estão, em sua maioria, aposentados e gastam quase todo o salário com remédios, ficando cada vez mais dependentes e com a saúde debilitada. Foi aí que me deparei com um pensamento que me fez refletir e começar a mudar: "a minha saúde não pode ficar para amanhã". Como vou querer ter mais disposição, longevidade para brincar com meus filhos e bem-estar se continuar agindo de forma irresponsável com a minha vida, sem tomar atitudes diferentes?

Para termos uma vida equilibrada, devemos considerar uma parcela de fatores relacionados à vida dos sujeitos e de tudo o que os cerca. Vale a pena ressaltar que muito podemos fazer para prevenir as doenças: devemos levar um estilo de vida mais ativo e fazer, no mínimo, 30 minutos diários de uma simples caminhada. É importante salientar que esses hábitos podem estar relacionados diretamente com a busca de um estilo de vida mais saudável.

Cuidar da saúde significa desenvolver amor-próprio, saber que somente eu sou responsável pelo meu destino e que ele depende exclusivamente da minha atitude para mudar. Muitas doenças podem ser evitadas, e 74% das mortes por AVC, câncer, diabetes e hipertensão poderiam ser prevenidas, conforme as pesquisas apresentam, se começarmos hoje um trabalho de prevenção e cuidados com nossa saúde.

Esse investimento em si próprio deve ser feito hoje, com atitudes simples, mudanças de hábito na alimentação e a construção de uma rotina de atividades físicas. Basta escolher algo de que você goste e que te motive a seguir, e não desistir no meio do caminho.

Além do olhar para a saúde física, precisamos cuidar da nossa mente por meio de bons pensamentos, boas leituras, conversas, amigos e risadas, aproveitando todos os momentos. Trabalhar com o que se gosta faz o coração pulsar, além de estar em uma relação próxima com a sua fé, acreditando no que faz sentido para você.

O meu maior desejo é que você, ao ler este capítulo, possa mudar os seu comportamento e transformar pequenos hábitos em seu dia a dia. Para iniciar, lhe convido a listar alguns hábitos ruins que estão afetando a sua saúde; depois estabeleça pequenas metas e comece aos poucos a mudar esses comportamentos. Para deixar mais claro, vou dar dois exemplos: primeiro, se você não tem o hábito de tomar, no mínimo, dois litros de água diariamente, comece a levar com você uma garrafinha d'água. Assim, toda a vez que olhar para ela saberá que precisa atingir aquela meta. O segundo exemplo é estimulá-lo a praticar uma atividade física; para isso, reserve uns 30 minutos no período da manhã ou à tarde e priorize esse tempo para, aos poucos, transformá-lo em um hábito.

Quando essas hábitos se tornarem automáticos, passe para o próximo; inicie os cuidados com sua alimentação, comece a ler duas páginas de um livro e, mesmo sendo desafiador, não pare no meio do caminho, pois a sua mente será reprogramada e isso permanecerá com você. Assim, automaticamente, sua saúde física irá melhorar, levando a mais longevidade e qualidade de vida.

Para atingir esses objetivos e melhorar a saúde, é preciso dedicar-se a começar um novo estílo de vida que não seja "um peso". Nada precisa ser radicalmente imposto e, sim, apreciado. Crie uma rotina que de fato possa se tornar presente em seu dia a dia, assim como escovar os dentes e tomar banho, que são atividades corriqueiras.

Ter um estilo de vida saudável, para mim, é leve e fácil, porém no início não foi tão simples – mas também não sou nada a favor de extremismos ou provações.

Criar uma rotina de vida é fundamental, mas, para isso, é preciso colocar-se como prioridade. Organize sua agenda e tenha o exercício físico como principal ponto para melhorias e cuidados com a saúde, permitindo a você mesmo sentir prazer ao ver a melhoria dos seus exames de saúde, em geral. Isso vai gerar confiança e muito mais disposição para a realização de tarefas. É preciso construir uma rotina com liberdade para estar focado e motivado a cumpri-la.

Então seguem algumas dicas:

1. Comece aos poucos;
2. Tenha energia e motivação para seguir nessa caminhada;
3. Tenha constância e faça todos os dias;
4. Coloque uma pitada de amor em você, com cuidados que merece ter pela sua vida e saúde;
5. Dedique-se a fazer um pouco melhor a cada novo dia;
6. Não pare, mesmo depois que perceber os resultados;
7. Entenda que é desafiador, mas que você é capaz de fazer.

Criei esse passo a passo a partir das decisões que tomei ao longo da minha jornada de transformação; por isso, até hoje continuo e busco cada vez mais melhorar. Poucas pessoas estão comprometidas a fazer esses progressos, e ficam anos em busca de tentativas frustradas ou procurando atalhos que geram novas frustrações.

Outro fator que considero importante ressaltar: não culpe ningúem pela sua saúde. Se ela não está como gostaria, se você não estiver com o corpo ou com o peso que gostaria, lembre: você é o único responsável pela sua vida. Comece a refletir sobre o fatores que podem estar afastando você do autocuidado. Não se sabote mais, comece hoje e torne-se sua melhor versão. Procure profissionais para orientá-lo e chega de desculpas! Seu corpo e sua saúde agradecerão.

Lembre-se de que a sua forma física, as taxas de gordura e acúcares no seu sangue estão sob seu controle: ou você ajusta o que precisa ou pode estar próximo de um problema grave de saúde.

Cuidar da sua saúde é investimento, autoconhecimento e autorresponsabilidade. Não deixe os ambientes vencerem você e procure mudar, resistindo à satisfação imediata de ficar sentado no sofá assistindo televisão ou se alimentando de forma errada, em ambientes tóxicos. A mudança de pequenos hábitos vai levá-lo a sair da média e ter mais disposição e saúde. Levante-se agora e comece esses cuidados.

Para finalizar, convido você a tirar um tempo e olhar para si mesmo e se autoavaliar. Pense em como você está hoje e como você quer que sua saúde esteja daqui a dois, cinco ou dez anos. Comece a construir o corpo que você sempre sonhou, sem sacrifícios, com mais saúde, mais autoestima, amor próprio, qualidade de vida, longevidade e bem estar diário.

Quero lhe dizer que não existe sorte ou coincidência: existe treino, e qualquer pessoa pode atingir resultados. Mas, para isso, é preciso construir um passo a passo, conforme os seus objetivos e suas metas. Comece, tenho certeza de que será transformador.

> A sua saúde não pode ficar para amanhã.
>
> Mônica Botton

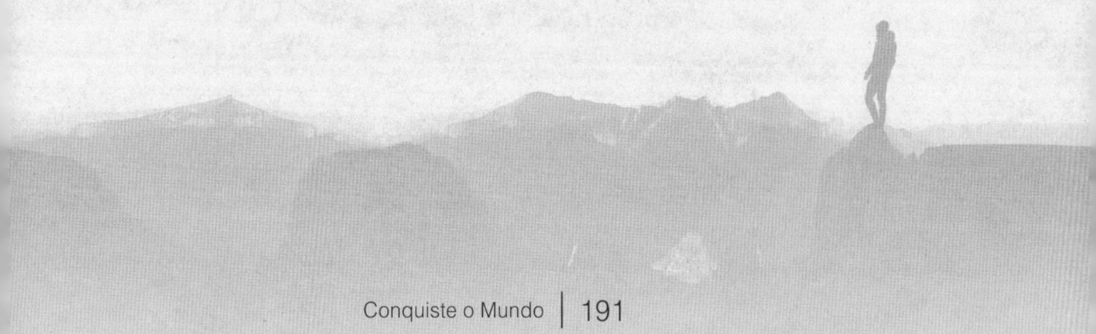

Simone Michalski

Simone Michalski é enfermeira, atuando na área da saúde desde 1983. Iniciou seu trabalho como terapeuta energética no ano de 2019, intensificando sua atuação durante a pandemia de COVID-19.

Natural da cidade de Porto Alegre, reside hoje em Novo Hamburgo/RS.

Sua especialidade, além da enfermagem, é o desenvolvimento e a evolução da consciência humana, com base na espiritualidade. Bacharel de Enfermagem na Feevale, com pós-graduação em Centro Cirúrgico, SARE e CME na Ulbra, cursa Musicoterapia na UCS. Tem formação em várias terapias energéticas e vibracionais.

simonemichalski

Simone Michalski

Simone Michalski

CURANDO RELACIONAMENTOS TÓXICOS

POR SIMONE MICHALSKI

Desde pequena fui fascinada pela profissão de enfermeira. Minha mãe contava as histórias da minha avó materna, que foi enfermeira em Varsóvia, na Polônia. Minha mãe também trabalhou como enfermeira num campo de concentração, na Alemanha. Ali, foi mantida prisioneira por seis anos, durante a Segunda Guerra Mundial, tendo sobrevivido aos horrores do holocausto porque falava fluentemente alemão. Quando ela veio para o Brasil, após longos anos de adaptação, continuou exercendo a profissão no hospital Moinhos de Vento, em Porto Alegre.

Aos 16 anos, inspirada pelos exemplos da minha mãe e da minha avó, decidi fazer um curso para trabalhar em um hospital, na época de atendente de enfermagem. Após a conclusão do curso, iniciei minha vida profissional no hospital Nossa Senhora de Pompeia, em Caxias do Sul, em 1983.

O tempo foi passando, me casei e fui morar em Antônio Prado/RS, pois meu esposo, que era policial civil, foi transferido para aquela localidade. Minha mãe, já bem debilitada por um câncer em fase terminal, me fez um pedido: "Filha eu gostaria de ter um neto antes de morrer". Como ela era enfermeira, sabia que seu fim estava próximo. Para mim foi muito doloroso ouvir aquela afirmação da pessoa que eu mais amava na vida. Como morávamos numa cidade onde não havia tratamento adequado para ela, tínhamos que nos deslocar para Caxias do Sul a cada 15 dias para realizar seu tratamento. Naquela época era tudo muito difícil, o acesso àquela cidade se dava por uma estrada de chão muito estreita, e o deslocamento levava de duas a três horas.

Após dez meses desse pedido, eu fui abençoada por Deus com meu primogênito. Em seguida, sofri meu primeiro desafio: perder minha mãe. Foram meses de muito sofrimento, desgaste físico e mental. Quatro anos mais tarde, meu mundo desmoronou com a morte do meu pai, que teve um infarto fulminante. Me senti impotente, perdi meu porto seguro. Eu era filha única e pensei "E agora, o que fazer?". A seguir, irei descrever como venci esse desafio.

Eu me sabotei durante muitos anos da minha vida, mantendo-me fiel a determinados valores e princípios, por amor à minha família. Acreditei que honrando a história de sofrimento dos meus pais eu seria feliz, mas me enganei.

Por ter sido filha única e educada nos padrões europeus, me sentia deslocada. Minha infância era só estudar, não podia brincar na rua com as outras crianças, sofria *bulling* na escola, pois não participava das festas de aniversários dos meus colegas e nem de festividades no colégio. Meu pai me levava e buscava na escola todos os dias. Como foi difícil para mim, quando criança e também na adolescência, entender toda aquela superproteção. Ao questionar a conduta dos meus pais, apanhava com vara de marmelo, que além de doer bastante, muitas vezes fazia sangrar minhas pernas e deixava marcas.

Por medo de apanhar e desapontar meus genitores, fui me travando, reprimindo meus sentimentos, meus sonhos de estudar e fazer faculdade de enfermagem e de música, que eram minhas paixões. Ainda bem que me deixaram fazer o curso de Atendente de Enfermagem e trabalhar. Eu pensava que poderia, aos poucos, amolecer as crenças limitantes que eram deles e não minhas; eu morria de vergonha dos meus colegas do hospital, pois meu pai me levava e buscava no serviço todos os dias.

Meus pais foram muito rígidos na minha criação, pois eu só podia fazer as atividades que eles permitissem, sem nunca perguntar para mim o que eu gostaria ou queria realizar. Meu pai, por receio de magoar minha mãe, acatava todas as decisões dela – muitas vezes insanas e sem fundamento. A pessoa que sempre saia prejudicada era eu. Lembro, até hoje, que cada vez que eles discutiam eu apanhava da minha mãe e nem sabia por quê.

Meus medos e bloqueios familiares estavam tão enraizados que, quando minha mãe escolheu meu esposo, em nenhum momento questionei sua decisão. Me sentia prisioneira dentro da minha própria casa, meu mundo era meu quarto, meus livros, meus sentimentos de rejeição e abandono, de não ser boa o suficiente para agradar meus pais. E tudo isso foi aumentando com o passar dos anos.

Quando já era mãe de dois filhos, percebi o quanto minha vida estava me levando à depressão, ao desequilíbrio emocional e, futuramente, com certeza me levaria a desenvolver alguma doença mais grave, ou até algum tipo de câncer. Mas, por amor aos meus filhos, aguentei firme até eles crescerem.

Nessa época, mudamos de cidade novamente, em função da profissão do meu esposo. Foi nesse momento que percebi que eu tinha a chance de realizar meu sonho de fazer faculdade, já que estávamos numa cidade de maior porte e que tinha faculdade de Enfermagem.

Infelizmente, minha felicidade de ter passado no vestibular aos 34 anos virou um pesadelo para a minha vida conjugal. Na época, meu esposo fazia de tudo para que eu desistisse da graduação. Minha filha amada, então com 7 anos, várias noites me ligava chorando, dizendo que estava com medo e sozinha de madrugada, porque o pai não havia chegado. Eu me sentia a pior mãe do mundo; pensei em desistir e voltar para casa. Minhas colegas me diziam para ficar calma, que ela estava protegida pelo anjinho da guarda dela, que meu esposo estava fazendo isso de propósito para eu desistir, continuando submissa e dependente dele como sempre fui. Foram cinco anos de ausência na vida dos meus filhos, pois além de estudar em outra cidade eu trabalhava em dois empregos para arcar com os custos de transporte, hospedagem e da própria faculdade. Quando me formei, fiz, em seguida, uma pós-graduação na Ulbra, em Canoas.

Financeiramente minha vida era estável, mas percebi que ainda havia um vazio, e fui em busca de descobrir o que estava faltando para preencher essa lacuna.

A seguir, irei descrever como venci minhas crenças limitantes e meus comportamentos disfuncionais, que me levaram a manter um casamento tóxico por 33 anos. Venci minha necessidade de agradar aos outros, me esquecendo de mim mesma. Superei meus sentimentos de culpa, abandono, não pertencimento, meu vitimismo, minhas ansiedades e o medo da escassez e do fracasso na vida.

Uma fala que me impactou muito foi quando minha filha disse: "Mãe, você terceirizou seu papel de mãe, por cinco anos eu senti demais a sua falta. Nos momentos em que eu mais precisei do teu colo, você não estava presente". Foi muito doloroso ouvir isso, mas também foi um despertar para buscar ajuda.

Vou, então, compartilhar com você os dois passos que usei para vencer meus desafios: o primeiro deles foi a busca incessante por autoconhecimento, e o segundo foi me tornar terapeuta energética, para ajudar as pessoas a vencerem seus medos e suas limitações.

Procurei, portanto, ajuda de uma terapeuta e iniciei as sessões de terapia. Começamos fazendo constelação familiar sistêmica. Essa ferramenta foi um divisor de águas na minha vida. A cada sessão ela utilizava várias outras ferramentas de expansão de consciência que me levaram a perceber o meu potencial, elevando minha autoestima.

À medida que fui evoluindo e buscando autoconhecimento, percebi que não havia mais sentido manter as aparências de um relacionamento falido havia muitos anos (de acordo com minhas crenças limitantes, jamais poderia haver ruptura conjugal). Continuei fazendo terapias, agregando mais uma terapeuta quântica à minha vida, e aos poucos, fui vencendo meus desafios.

Durante os últimos nove anos, venho buscando conhecimento na área holística, realizei diversas formações e, gradualmente, fui me empoderando e perdendo o medo de atender as pessoas. Foi na pandemia que percebi o quanto meu conhecimento era necessário para amenizar a dor das pessoas. Afinal, como enfermeira eu tratava o corpo físico, mas era urgente tratar também o emocional de cada um, já que todos estavam abalados por perdas de entes queridos, amigos e colegas de trabalho para a Covid-19.

Se eu consegui, você também consegue! Uma mulher que, aos 35 anos, teve a coragem de vencer seus medos, procurar ajuda de um terapeuta e evoluir, tornando-se uma pessoa empoderada, que foi atrás de seus sonhos destruídos ao longo de sua vida porque não conseguia romper com os padrões da sociedade. Com relacionamentos tóxicos e com as feridas emocionais profundas desde a infância. Se eu passei por tudo isso e venci, você, caro leitor, também conseguirá.

"Não mudando nada, nada muda." (Tony Robbins).

"Como eu gostaria que fosse a minha vida?" (Gary M. Douglas)

"Quem agradece, honra o que lhe foi dado." (Bert Hellinger)

"O universo não fala português, ele responde a frequências." (Elainne Ourives)

"Medicina Germânica e as cinco leis biológicas." (Dr. Hammer)

Quando eu assimilei esses aprendizados, entendi que não sou responsável pelos sentimentos, pensamentos e pelas ações das outras pessoas; todos temos o livre-arbítrio.

É preciso coragem, foco, persistência, constância e determinação para enfrentar os nossos desafios diários. Como enfermeira atuando na área da saúde há 27 anos, meu foco é tratar e curar o corpo físico. Como terapeuta energética, meu foco é mais complexo, pois são necessárias muitas ferramentas e habilidades para tratar meus clientes de forma holística.

O termo "holístico" vem do grego *holus*, que significa todo, inteiro. Assim, o ser humano é tratado por inteiro, considerando seus aspectos físicos, mentais, emocionais, espirituais e energéticos.

Quero chamá-lo a responder aos seguintes questionamentos a seguir, e fazer um exercício bem simples, mas muito poderoso de autoconhecimento.

Diante do espelho, respire 12 vezes, olhe no fundo dos seus olhos e responda: quais são as minhas qualidades? Quais são os meus maiores desafios? Qual é a minha missão de vida?

Depois, escreva qual foi a sua percepção, quais foram os sentimentos que surgiram.

Espero que este capítulo contribua para o seu desenvolvimento pessoal. Espero, também, encontrar você em nossas palestras, interagindo nas nossas *lives,* em todo território nacional ou no exterior.

Até brave.

Gratidão!

> As ferramentas de expansão da consciência me ensinaram a elevar minha autoestima.
>
> SIMONE MICHALSKI

Tatiana Deiró

Tatiana Deiró é soteropolitana e nasceu em 14 de maio de 1980. Possui formação em Comunicação Social, com ênfase em Publicidade e Propaganda e Gestão em RH. Tem MBA em Gestão Organizacional e capacitação em *Coach* Executivo e Liderança. É professora universitária do Cepex, pós-graduação dos cursos de Gestão.

Palestrante comportamental, é apaixonada por comunicação não violenta. Já ministrou treinamentos sobre Gestão e Liderança de Equipes, Planejamento Estratégico e Gestão de RH, dentre muitos outros.

É escritora e poeta, com participação em várias antologias e coletâneas. Colabora com a revista angolana de literatura e arte *Òmnira.*

tatianadeiro

Tatiana Deiró

tatianacapacita@gmail.com

(71) 99316-1539

PRECISAMOS MAIS DE GARRA

POR TATIANA DEIRÓ

Existe uma mistura de paixão e talento conhecida como **garra**, que é o segredo para as grandes realizações. A teoria da garra é considerada revolucionária para muitos críticos, por ser a habilidade de perseverar e ser resiliente. É dedicar-se a trabalhar a ponto de enfrentar todas as dificuldades, obstáculos e fracassos, buscando a melhoria de forma constante.

O autor da famosa frase: "Eu tenho um sonho" é um personagem marcante da história; as suas atitudes inspiraram muitas pessoas a terem garra. Martin Luther King, um dia, deprimido, pensou em desistir de tudo depois do incidente ocorrido após uma passeata marcada pela violência em Memphis, no Tennessee. Depois, ele mesmo reconheceu: "Não é hora de desistir, nada pode ser mais trágico do que desistir a essa altura". As pessoas bem-sucedidas em sua jornada consideram importante o processo da luta quanto ao resultado. A chegada ao pedestal torna-se mais emocionante quando se vencem as etapas e os embargos encontrados no caminho. Inspirado pelas suas crenças cristãs e pelo ativismo não violento de Mahatma Gandhi, Martin Luther King se tornou a figura mais proeminente e líder do movimento dos direitos civis nos Estados Unidos, tendo sido conhecido pela luta política através da não impetuosidade.

Uma pessoa bem-sucedida busca viver seus sonhos e luta para alcançar os seus objetivos. Para isso é necessário passar por cinco etapas:

1 - Interesse: o que é importante, útil e vantajoso;

2 - Engajamento: a coragem de assumir o processo;

3 - Prática: o ato de trabalhar a busca pela habilidade;

4 - Propósito: a intensão de contribuir pelo bem-estar das pessoas;

5 - Esperança: a capacidade de se levantar depois de uma queda ou uma frustração.

Tudo isso é realizado de uma forma afetiva quando se desenvolve a garra, e muitos levam vários anos de treino. O talento ajuda, mas sem o vigor da luta não existe garantia de nada. Com esforço, é muito mais emocionante. As pessoas valorizam o talento e subvalorizam a constância. O segredo da vitória está na junção de: talento x esforço = habilidade e conquista.

Por eu ser uma profissional apaixonada pela área de treinamento e gostar de trabalhar com pessoas, sedimentei a minha performance e continuo a investir em capacitações e livros. Até descobrir o meu propósito, que é ensinar e ajudar as pessoas, eu passei por seis processos seletivos para conquistar uma vaga como instrutora de treinamento de uma empresa de telecomunicações. Cada etapa vencida me servia como um espelho para poder praticar e melhorar em outros aspectos da minha vida. Eu nunca desisti da sala de aula, e certa vez ouvi um *feedback* informal: "Quando você ensina, treina e fica em destaque, você se torna uma mulher incrível. Lute por isso!". Hoje sou palestrante e educadora – e ninguém poderá arrancar o significado de garra em minha vivência.

Ao observar uma competição esportiva, além de talento, são necessárias práticas de treino e esforço, e é assim que se desenvolve o hábito e a conquista. A habilidade é adquirida e o esforço é um amplificador: quando aumenta o nível da habilidade, o número de resultados que podemos alcançar é superado.

Não adianta ter inteligência e não ter garra. Pode-se ter talento, mas sem a garra não se aproveita o potencial. Ter garra é não trocar de ideia e carreira o tempo todo. A garra é uma perseverança que está ligada ao autocontrole e àqueles que são conscienciosos. É ter disciplina e planejar os próprios atos e as escolhas.

Ter garra é ter uma mentalidade de crescimento, ela muda e evolui, com muitas oportunidades para o futuro. É a capacidade de entender que você pode mudar e melhorar.

Quais são as pequenas coisas que você poderá fazer todos os dias para aumentar os seus objetivos de vida, a longo prazo? Para se ter mais garra é necessário cultivar a força de vontade.

Por mais difícil que seja, somos capazes de realizar os nossos sonhos, e cada um pode fazer a sua história. Como diz Augusto Cury: "O destino é uma questão de escolha". Me baseando nisso, eu escrevi a minha história através dos conselhos do meu avô Jeremias: "Minha filha, faça seu pergaminho. Você é inteligente e capaz. Estude para se tornar uma mulher independente". Ouvindo esses conselhos, me debrucei sobre os livros e as escritas, os quais me serviram anos depois como refúgio. Eu era uma criança repreendida o tempo todo; cresci com baixa autoestima, insegura e desacreditada dos meus talentos. Desejava publicar um livro e, mesmo sem formação, trabalho e recursos, idealizava o momento de autografar.

Alguns anos se passaram e eu não tirei da mente "esse sonho". O meu avô Jeremias me incentivava, até de escritora clandestina eu fui chamada – uma lembrança que me colocou na posição de vítima por um bom tempo, por ser inexperiente, na época lamentava e não soube administrar essa situação desagradável.

No caminho da garra você experimenta muita frustração, mas o importante é se comprometer com a prática constante. Os erros e as falhas são normais e necessários. A pessoa que tem garra tem fibra e paciência, pois desenvolver garra leva tempo. Muitas desistem e não investem nela, ou aguardam o tempo necessário. A pessoa com garra não se contenta com pouco e, às vezes, é necessário renunciar a certas coisas e não abandonar as tarefas ao encontrar o primeiro obstáculo – nós precisamos nos fortalecer com determinação. Cultivar essa fortaleza interior requer tempo e treinamento, é uma habilidade que você conquista, e o mais interessante da nossa capacidade é ser mutável.

A felicidade então bateu à minha porta quando eu cheguei numa festa de família e um senhor de idade pediu para dançar comigo, com muito respeito. Logo após, ele interagiu com os meus pais e eu voltei para casa. Em questão de minutos a minha irmã Taiane ligou: "Tatiana, o senhor de idade que dançou com você já publicou um livro. Nossa mãe falou com ele do seu sonho. Volta para a festa que essa poderá ser a sua chance". Foi uma sensação inacreditável, e eu voltei a passos bem rápidos.

O senhor Valmir Lima tornou-se, então, amigo da minha família. Certo dia, ele chegou com uma grande notícia: "Iremos, agora, a uma entidade cultural, recebi o nome de duas e você irá escolher a melhor para publicar seu livro". A primeira e única que visitei foi o CEPA: Centro de Estudo Pensamento e Ação. Ao chegarmos, fomos recebidos calorosamente por Roberto Leal; com muita atenção, ganhei várias livros e revistas. Ele se tornou meu editor e amigo, me convidou para ser secretária dele e participamos de vários eventos juntos. Durante esse período, ele me ensinou a melhorar o texto e a escrever profissionalmente. A leitura e os estudos contribuíram para o meu crescimento. Trabalhamos por quase dois anos.

Meu primeiro livro foi publicado gratuitamente: a antologia *Práxis de poesia e prosa*. Tornei-me, então, escritora profissional aos 17 anos. A poesia se estabeleceu na minha vida através da garra, e tenho gratidão pelo que recebi: um sentimento de emoção por ser presenteada com uma ajuda espontânea, e isso relato para que outras pessoas busquem as suas metas.

Em novembro de 1998 nasceu a editora Ómnira, e por meio dela participei da minha segunda publicação: *Release de poesia e prosa*. Essas publicações tornaram-se constantes e, como diz Conceição Evaristo, "A escrevivência é a vida que se escreve na vivência de cada pessoa, assim como cada um escreve o mundo que enfrenta". A escrita tornou-se um talento constante, nasceu através da automotivação. Sem trabalho, escolaridade e recursos busquei dentro de mim estratégias e estímulos para aprimorar as minhas habilidades. Graças à garra consegui ser protagonista da minha história.

Houve uma etapa da minha vida na qual pensei que iria perder as forças: foi quando o meu pai, Luiz Carlos, descobriu o câncer na laringe. Me senti insegura e trêmula, precisei dar um tempo dos meus projetos pessoais e abracei essa causa, pois, é sempre a família que nos acolhe. Logo após a laringectomia total, meu pai precisou utilizar uma cânula. À noite, ele batia nos meus pés, sufocado. Eu não tinha conhecimentos técnicos de enfermagem, mas, sendo estratégica, busquei vídeos que me auxiliavam a cuidar dele. Por não dormir à noite, sem descanso e sobrecarregada, comecei a errar com frequência em minhas atividades profissionais.

Após dois anos, fui desligada de uma empresa onde trabalhei durante 15 anos como assistente de RH. Com um mês em casa e cuidando da minha família, meu filho Nycollas Deiró, na época com 7 anos, foi internado em estado grave. Seus batimentos cardíacos chegaram a 240 por minuto, e ele passou por uma cardioversão, sendo diagnosticado com taquicardia supraventricular. Eu tive duas escolhas: a da vitimização ou a de guerrear. Foquei em resolver o problema, em cuidar do meu filho e estudei o diagnóstico para ajudá-lo. Hoje, ele brinca, corre e escreve, seguindo os meus passos. Reconheci que a vida é uma caixinha de surpresas: existem mães que superam diagnósticos muitos mais difíceis e, quando se trata de maternidade, devemos exercitar a garra constantemente. Não podemos baixar a cabeça para a vida, mas levantá-la com mais força. Somos exemplos para nossos filhos.

A fé e a garra são parceiras da vida: acreditar e conhecer o seu potencial faz você voar como uma águia. Finalizo este capítulo com uma breve homenagem a Ana Cristina Ferreira, minha eterna gestora. Acompanhei a sua trajetória com um diagnóstico de câncer de mama, a cirurgia e a superação. Você é um recomeço e um exemplo de determinação, pois tornou-se forte e escolheu vencer!

Crie dentro de você estratégias firmes com atitudes positivas, busque exercitar a sua vontade, determinação e persistência, dentre outras qualidades. Valorize tudo o que traz e forma a garra como algo automático na sua vida. Até breve!

> Graças à garra consegui ser protagonista da minha história.
>
> TATIANA DEIRÓ

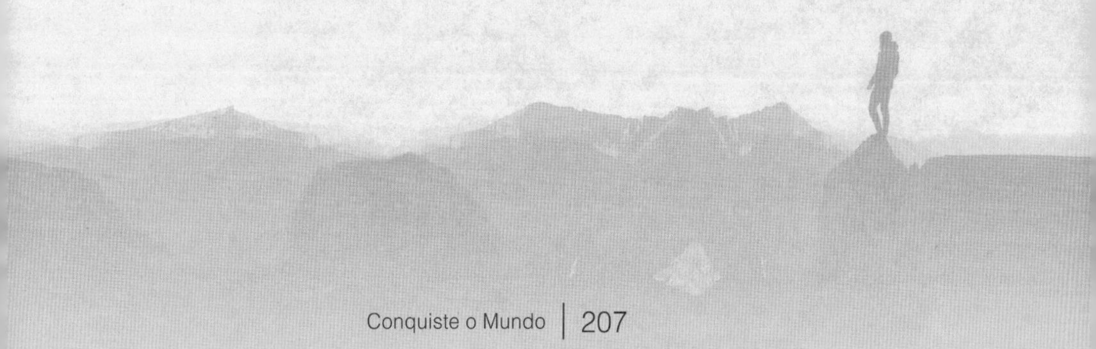

Wylgner Arantes

Sou Wylgner Arantes, filho abençoado de Deus. Atuo na área de desenvolvimento humano como *coach* de alta performance pessoal e profissional e analista de perfil comportamental.

Sou Formado em *Coaching* Integral Sistêmico pela Febracis e formado em Performance e Comportamento Humano – CIS Assessment.
Fundador da empresa Escada Treinamentos e Desenvolvimento Humano.
Coordenador do projeto "De Propósito" para jovens; e catequista.

Além disso, sou criador do programa de desenvolvimento pessoal e profissional "Fazendo a Diferença", em que ajudo pessoas a terem alta performance e poderosos resultados, em um curto espaço de tempo.

wylarantes_coach
(48) 99976-8215
www.oseucoach.com.br/wylgnerarantes

FAZENDO A DIFERENÇA

POR WYLGNER ARANTES

Tudo começou quando, aos 13 anos de idade, eu me fiz a seguinte pergunta: "E se eu fizesse diferente?". Nesse momento, foi plantada a semente da esperança dentro de mim, e meu primeiro aprendizado foi que os questionamentos certos criam um mundo de possibilidades.

Eu sou de uma cidade muito humilde do interior do Paraná, e, em 2007, meus pais decidiram mudar de Estado à procura de uma condição melhor para a nossa família. Hoje, tiro uma grade lição disso: "decisões mudam gerações". Vamos falar mais sobre isso no decorrer das próximas páginas.

Desde cedo, sempre busquei pensar fora da caixa. Meu maior prazer era ir contra o senso comum, tanto que na época da escola eu não entendia por que deveríamos estudar aqueles assuntos "complicados", que praticamente não seriam usados na fase adulta. Na sala de aula, enquanto alguns professores estavam explicando conteúdos "chatos", eu imaginava como seria viajar para outros países, olhando as figuras no livro de Geografia. Entendi que nessa fase, algo vai tentar nos moldar para que sejamos parte da "média". Seja sua cultura, criação, sociedade ou a própria "zona de conforto".

Três passos para fazer a diferença:

1. Saiba quem é você

Por muito tempo da minha vida eu passei por crises de identidade: não sabia quem eu era e, muito menos, qual era o meu propósito. Senti várias vezes que eu era incompreendido e me coloquei no caminho da comparação, da autocobrança exagerada, da autossabotagem, vitimização procrastinação e ingratidão; eu me sentia muito frustrado. Eram sentimentos terríveis, que não me deixavam perceber e valorizar as coisas boas.

Sabe aquela sensação ruim de quando você quer muito algo, mas uma voz interior duvidosa diz que você não vai conseguir? Por exemplo:

- Quem é você para querer conquistar aquele sonho?

- Quem você acha que é para fazer a diferença na vida de alguém?

Toda dúvida sobre você mesmo e sua capacidade está diretamente ligada a uma crise de identidade. Se eu não sei quem eu sou, automaticamente, deixo a dúvida tomar posse de mim, junto a sentimentos ruins.

Talvez você tenha levado uma vida inteira acreditando que não é capaz, que não tem potencial. Talvez você tenha tentado algo que não deu certo, e depois disso teve medo. Talvez tenham dito a você que as coisas são muito difíceis e é melhor não se arriscar. E, talvez, você tenha acreditado nessas mentiras. Porém, a verdade é que somos filhos de Deus, e nascemos para comunicar ao mundo uma mensagem única que está dentro de nós.

De 0-10, quanto você tem se posicionado verdadeiramente como filho(a) do Dono do Mundo, e tomado posse desse poder? (   )

Repita as frases abaixo todos os dias:

Eu sou o que Deus diz que eu sou.

Eu posso o que Deus diz que eu posso.

Eu tenho o que Deus diz que eu tenho.

Eu vou viver o que Deus declarou que eu viveria.

2. Fé e visão extraordinária de futuro

Os grandes nomes da história foram visionários. Quero convidar você, neste momento, a expandir sua visão. Vou começar contando a história de Abraão, um homem de fé.

Muito tempo atrás, na cidade de Ur, na Mesopotâmia, existiu um homem chamado Abraão, que morava com sua esposa Sara. Ele tinha mais de 75 anos e o casal não tinha filhos. Com essa idade, Deus o chamou para deixar sua morada e sair do conforto. Ele havia prometido que iria multiplicar a descendência de Abraão.

"A palavra do senhor foi dirigida a Abraão numa visão: "Nada temas, Abraão! Eu sou o teu protetor; tua recompensa será muito grande" (Gênesis 15 - 1.).

Certo dia, Deus chamou Abraão para fora de sua tenda e lhe disse: *"Levanta os olhos para o céu e conta as estrelas, se és capaz... Pois bem assim será a tua descendência" (Gênesis 15 - 5.).*

Como pode alguém, aos 75 anos, acreditar que isso seria possível?

Com fé, que é a certeza daquilo que esperamos e a prova das coisas que não vemos. O final da história conta que, em seguida, por meio da fé e da visão, Abraão foi o Pai das Nações.

"Farei de ti o pai de uma multidão de povos, farei nascer de ti nações e terás reis por descendentes" (Gênesis 17 - 5:7).

O propósito de Deus vai além da limitação humana. A fé e a visão de futuro farão você viver coisas extraordinárias e pisar em lugares inimagináveis. Abraão aprendeu que precisava disso para fazer a diferença.

É necessário que você exercite diariamente sua visão de futuro: isso vai cultivar uma poderosa esperança dentro de você e das pessoas à sua volta. Seja alguém que enxerga além da curva, o mundo precisa de mais pessoas visionárias e de menos pessoas cabisbaixas.

Em que momento da sua vida, você deu um passo de fé?

Resposta: ____

____

De 0 a 10, quanto você tem exercitado diariamente sua visão de futuro? (   )

Se você ainda não tem essa visão, escreva abaixo: o que você quer alcançar na sua visão de futuro?

Resposta: ____

____

Depois disso, faça o desenho da sua visão de futuro em uma folha em branco.

Eu carrego uma visão de futuro que se tornou uma missão de vida, em que Deus me confiou a seguinte mensagem: "Filho, faz as pessoas enxergarem aquilo que os olhos não veem".

Isso fala sobre exercitar a fé. Depois disso, minha vida nunca mais foi a mesma. Acredito muito na seguinte frase: "Deus não escolhe os capacitados, mas capacita os escolhidos". Deus lhe deu um propósito único para que você possa fazer a diferença, dentro da sua capacidade; você tem o poder de agir agora, onde você está, com o que você tem.

Se a diferença não fosse feita na minha vida, desde a decisão dos meus pais, teria grandes chances de eu ter me tornado um delinquente, usuário de drogas. Falo isso porque alguns dos meus colegas de infância se tornaram usuários de drogas. "Decisões mudam gerações". Todos os dias tomamos decisões que mudam a direção do nosso presente e futuro. Quem você decidir se tornar daqui para a frente pode impactar gerações.

"Nossos maiores medos não são os de sermos inadequados. Temos medo é de sermos poderosos além da conta. É nossa luz, não nossa escuridão, o que mais nos apavora. Perguntamo-nos: ´Quem sou eu para ser brilhante, belo, talentoso?' Na verdade, por que você não seria? Você é um filho de Deus. Ser pequeno não serve ao mundo. Não há nada de sábio em se diminuir para que as outras pessoas se sintam seguras perto de você. Todos nós fomos feitos para brilhar.

Essa luz não está apenas em alguns de nós; está em todas as pessoas. E quando deixamos que nossa luz brilhe, inconscientemente permitimos que outras pessoas façam o mesmo. Quando nos libertamos de nossos medos, nossa presença automaticamente liberta as outras pessoas." (Nelson Mandela)

3. Entre em ação!

Segundo Paulo Vieira: "A única coisa que nos separa dos nossos objetivos é a nossa capacidade de agir, portanto tem poder quem age".

A capacidade de agir vai ser determinante na sua vida inteira e em tudo à sua volta; portanto faça todos os dias algo que te aproxime de um amanhã melhor.

"Um grama de ação vale mais do que uma tonelada de teoria."(Friedrich Engels). Por isso, não tenha medo de estar longe dos seus objetivos, tenha medo de não estar agindo. A partir de hoje, explore sua melhor versão de forma intencional, e não tenha medo de ser tudo o que você pode ser.

Temos a capacidade de ser e realizar muito mais do que confortavelmente aceitamos. Segundo Nelson Mandela: "É preciso ter a audácia de questionar nosso papel no mundo todos os dias".

"Se você acredita que pode contribuir com o mundo fazendo mais do que o seu habitual, se você sente dentro de si que pode provocar impacto positivo à sua volta, e se você acredita que é capaz de fazer a diferença e entregar ao mundo algo que faça dele um lugar melhor, então você precisa ter coragem de assumir a sua missão, e pôr em prática o seu propósito de vida." (Wylgner Arantes)

O que você decidiu fazer de forma diferente, de hoje em diante, na sua vida?

Resposta: ______________________________

____

E se isso se tornar um estilo de vida?

Resposta: ______________________________

____

Convido você a refletir, por cinco minutos, de olhos fechados, sobre os questionamentos abaixo:

- O que o mundo ou as pessoas pedem incansavelmente da sua parte?

- O que o seu 'eu' do futuro queria que você estivesse fazendo diferente hoje?

Resposta: ______________________________

____

Acredite, você tem capacidade para fazer o mundo um lugar melhor e deixar marcas positivas para as gerações futuras. Todos nós fomos feitos para viver a abundância, e fazer diferença nessa terra. Pergunte-se diariamente o que pode ser feito de diferente, explore ao máximo seu potencial, seja visionário **e conquiste o mundo: você é do tamanho dos seus sonhos.**

Finalizo este capítulo com chave de ouro:

Sal da terra e luz do mundo

"Vós sois o sal da terra. Se o sal perde o sabor, com o que lhe será restituído? Para nada mais serve, senão para ser lançado fora e calçado pelos homens. Vós sois a luz do mundo. Não se pode esconder uma cidade situada sobre uma montanha, nem se acende uma luz para colocá-la debaixo do alqueire, mas sim para colocá-la sobre o candeeiro, a fim de que brilhe a todos os que estão em casa. Assim, brilhe vossa luz diante dos homens, para que vejam as vossas boas obras e glorifiquem vosso Pai, que está nos céus". (Mateus 5 - 13:16)

Abraço a todos e nos vemos em breve!

> Se você acredita que é capaz de fazer a diferença e entregar ao mundo algo que faça dele um lugar melhor, você precisa ter coragem de assumir a sua missão e pôr em prática o seu propósito de vida.
>
> WYLGNER ARANTES

EDITORA
CHAVE MESTRA®